Cornelia Ziegler

OLYMPIA 72

19 Superlative
72 Geheimnisse

Volk Verlag München

Die Deutsche Bibliothek verzeichnet diese Publikation in der Deutschen Nationalbibliografie; detaillierte bibliografische Daten sind im Internet über https://portal.dnb.de/ abrufbar.

Neumarkter Straße 23; 81673 München
Tel. 089 / 420 79 69 80; Fax: 089 / 420 79 69 86

Druck: F&W Druck- und Mediencenter GmbH, Kienberg

ISBN 978-3-86222-410-4

www.volkverlag.de

Inhalt

Vorwort

Es wird jetzt aber auch Zeit, dass das Olympische Dorf und überhaupt die Olympischen Spiele 1972 als das gefeiert werden, was sie waren: Etwas in der Geschichte ganz und gar Einmaliges. In ihrem Glanz und auch in ihrer Schattenseite, dem Attentat. Über dieser Katastrophe wurde oft vergessen, was für eine einmalige Lebenswelt das Olympische Dorf ist. 14 Jahre habe ich dort gelebt. Welch historischer Ort das ist, war mir immer bewusst. Welchen Besuch von außerhalb des Dorfs wir auch immer hatten, keiner stand dem Dorf gleichgültig gegenüber. Mein Schwager, der aufgrund von Zeitungsartikeln nicht verstehen konnte, wie man in einer so anonymen Wohnwelt leben kann, wurde auf der Stelle vom Saulus zum Paulus, als er auf unserer Terrasse ins Grüne blickte und Vogelgezwitscher und das Rascheln der Blätter im Wind hörte. Zuhause in seinem Schwarzwalddorf hörte er am Wochenende Rasenmäher, abfahrende Busse von der Haltestelle gegenüber und den Autolärm der Straße. Amerikaner, die meine Freundin besucht hatten, waren begeistert, als sie hörten, dass ich im Olympischen Dorf wohne. Und überglücklich, als sie meine Wohnung besichtigen durften und ich ihnen das Dorf zeigte.

Auch die Abbruchparty im Jahr 2007 hab ich mitbekommen, als die Bungalows der Frauen, heute Studentendorf, wegen Neuaufbau abgebrochen wurden und eine Party die Nacht davor aus dem Ruder gelaufen ist. Schlaftrunken bin ich aus meiner Wohnung in der Connollystraße hinunter ins hellerleuchtete lärmende Inferno, wollte mir das Ganze näher anschauen und wurde von Polizisten zurückgepfiffen. Seither weiß ich, wie schlagkräftig die GSG 9 sein kann, die Sondereinheit, die nach dem Attentat 1972 gegründet wurde.

Dann war ich einmal mit zwei Nachbarn Protagonistin einer TV-Dokumentation, in der es darum ging, wie wir im Olympischen Dorf mit den ständigen Bauarbeiten zurechtkommen. Sehr gut – nur das Drehteam nicht, denn vollkommen am Thema vorbei wurde in der Dokumentation der Schwerpunkt auf das Attentat von 1972 gelegt.

Dann gab es die Zeit, als das Leben mehr von mir abverlangte, als ich ertragen konnte. Hilfe habe ich in der „Insel“ gefunden, eine Anlaufstation für Menschen in seelischer Not, die im Marienplatz 1972 eingerichtet wurde und bis heute besteht. Und Zuflucht habe ich in der Olykneipe gesucht, die eine Insel der Zeit ist, unverändert seit ihrem Bestehen kurz nach den Olympischen Spielen. Und jetzt darf ich Interessierte durch das Olympiadorf und das Olympiazentrum führen, wo ich bis heute ständig Neues entdecke. Lassen Sie sich mit diesem Buch in eine faszinierende Welt entführen.

Cornelia Ziegler
April 2022

19 Superlative rund um die Olympischen Spiele 1972

01 Anfang der 1970er Jahre war hier die größte Baustelle Europas. Münchens Olympiapark gilt als weltweit gelungenstes Beispiel der Um- und Nachnutzung eines Olympiastandortes mitsamt seinen Einrichtungen. Die futuristische Architektur wurde mit dem Denkmal-/Ensembleschutz gewürdigt: „Diese Kühnheit ist einzigartig auf der Welt“ begründete Giulio Marano vom Bayerischen Landesamt für Denkmalpflege die Entscheidung. Das weltberühmte Dach aus Acryl über dem Olympiastadion galt dem Bund der Steuerzahler seinerzeit als „verschwenderischste Inspiration der Welt“. Die Olympiastätte München ist so gut erhalten wie keine andere olympische Stätte, sagt zu Recht der Speerwerfer Klaus Wolfermann. Das Paradestück der Olympia-Skyline, das Zeltdach, wird zum meistdiskutierten Bauwerk der Spiele: Als Modell spektakulär, aber ist es auch umsetzbar? Erstmals in Deutschland wurde im Olympiastadion eine Rasenheizung eingebaut.

02 Für den Bayerischen Rundfunk sind die Olympischen Spiele 1972 in München vom 26. August bis 11. September das Großereignis schlechthin in seiner bisherigen

Geschichte. „[Robert] Lembke wird 1972 einen Stab von 1.500 Technikern leiten und einen Etat von 50 Millionen Mark verwalten“, schreibt der Spiegel in seiner Ausgabe vom 9. Dezember 1968. Vom Mikrofon im Stadion bis zum elektronischen Farbstudio stelle das im Mai gegründete DOZ (Deutsches Olympia-Zentrum) alles bereit, denn – so Lembke – alles werde in Farbe sein.

03 Wie eine Zeitzeugin berichtet, erfuhr sie 1972 zum ersten Mal, dass die Welt in Obermenzing nicht zu Ende ist. Sondern dass sie noch weiter geht. Andere Zeitzeugen erzählen, dass das Attentat die erste tiefe Enttäuschung in ihrem Leben war. Die Erkenntnis, dass die Welt doch nicht so bunt ist, dass es auch schwarz und grau gibt, war für viele ein herber Rückschlag.

04 Die ersten Olympischen Spiele, bei denen zur Finanzierung Merchandising betrieben wurde, waren die von 1972. Das erste Maskottchen der Olympischen Spiele der Neuzeit – und wohl auch das einzige gelungene – war der Dackel Waldi. Er ist vermutlich auch der einzige Dackel, zu dessen Ehren eine Polka komponiert wurde, die Olympia-Dackel-Polka, zu hören auf YouTube.

05 Auch ist das Olympische Dorf weltweit das einzige, dessen Autoverkehr unterirdisch verläuft. Somit kann oberirdisch jeder unbehelligt vom Autoverkehr gehen. Für die

damalige Zeit außergewöhnlich sind auch die Rampen, geeignet für Kinderwägen und Rollatoren. Von den unterirdischen Straßen verlaufen Fußwege auf einer zwei Kilometer langen Betonbrücke, die somit das längste Brückenbauwerk Deutschlands ist. Aufgrund von juristischen Schlampereien ging dieses Bauwerk nicht in das Eigentum der Stadt München über, was die Olympiadörfler zu den einzigen Dorfbewohnern Deutschlands macht, deren Fußwege zwar öffentlich genutzt werden dürfen, die aber von den Anliegern aus ihrer eigenen Tasche bezahlt werden müssen.

06 Kronprinz Harald aus Norwegen über die Eröffnungsfeier: „Es war das schönste Spektakel, das ich jemals gesehen habe“. Als einen der glücklichsten Augenblicke seines Lebens bezeichnete Alt-OB Hans-Jochen Vogel den 26. April 1966, als München den Zuschlag für die Olympischen Spiele 1972 erhielt. Diese wurden schon öfter als das größte Ereignis in der 800-jährigen Geschichte von München bezeichnet.

07 Das erste Kanuslalomstadion der Welt wurde in Augsburg für die Olympischen Spiele 1972 gebaut.

08 Die meisten olympischen Medaillen räumt der US-Amerikaner Mark Spitz ab. Er war auch der erste, der sein Bild erfolgreich vermarktete. Das Foto vom schönen Mark mit dem Minibadehöschen im US-Fahnen-

Design und seinen sieben Goldmedaillen auf der Prachtbrust ging um die Welt. Der erste Olympiasieger der Olympischen Spiele der Neuzeit war der Dreispringer James Brendan Connolly. Helene Mayer (1910–1953), seit 1952 verheiratete Falkner von Sonnenburg, gilt als eine der bedeutendsten Fechterinnen aller Zeiten. Hitler soll sie bei einem Empfang in der Reichskanzlei als „beste und fairste Sportlerin der Welt“ bezeichnet haben. Die beste Olympionikin der Spiele kommt aus der Schwimmhalle: die Australierin Shane Gould holte dreimal Gold, einmal Silber und einmal Bronze.

09 BMW hat bei den Olympischen Spielen sein erstes Elektroauto für den Marathonlauf in Betrieb genommen.

10 Kein anderes Olympialand hat jemals einen Original-Gedenkstein aus Olympia bekommen, der das einzige Architekturteil außerhalb vom „Olympischen Heiligtum“ in Griechenland ist.

11 Die Münchner Fußgängerzone in der Innenstadt war die erste ihrer Art, die anlässlich der Spiele eingerichtet wurde. Und der Wettlauf der Dackel in der Fußgängerzone, der wohl weltweit einzigartig bleiben wird, war der erste Wettkampf der Olympischen Spiele.

12 Der Olympiapark ist eine der größten Denkmallandschaften in Bayern und eine idealtypische Kombination aus Architektur

und Landschaft. Der Olympiaberg ist die größte Enddeponie des Trümmerschutts aus dem Zweiten Weltkrieg in München und steht symbolhaft für diese Zeit.

13 „Patient Zero" der Coronapandemie wurde im Schwabinger Krankenhaus behandelt, dem einzigen in Bayern, das mit einer Sonderisolierstation für hoch ansteckende Patienten ausgerüstet war. Eine Vorsichtsmaßnahme aus der Zeit, als nur wenige Kilometer entfernt die Olympischen Spiele ausgetragen wurden.

14 Das Olympia-Einkaufszentrum, das 1972 anlässlich der Olympischen Spiele gemeinsam mit der Pressestadt errichtet wurde, war bei seiner Eröffnung das größte Einkaufszentrum Europas.

15 Das Attentat von 1972 war der erste weltweit im Fernsehen übertragene Terrorakt der Geschichte.

16 München ist für viele Münchner die schönste Stadt Deutschlands – dieses Gefühl entstand erst durch die Olympischen Spiele 1972.

17 Nie waren Olympische Spiele so lebendig wie die von München – bis das Attentat sie jäh unterbrach.

18 Die einzige offizielle Olympia-Platte (Polydor STEREO 2683 020 Olympische Spiele München 1972) ist heute nur noch antiquarisch erhältlich. Kurt Edelhagen hatte sie komponiert und ließ die Athleten mit 114 Schlägen pro Minute ins Stadion einmarschieren – „Ein Takt von 114 Schlägen pro Minute ist die Zahl, bei der der Mensch am lockersten geht. Das hängt mit seiner Größe und der Anziehungskraft der Erde zusammen“, erklärte er damals. Der swingende Rhythmus war das erste Zeichen, dass sich Deutschland seit 1936 zum Guten gewendet hat. Der Spiegel hatte dazu am 3. September 1972 berichtet: „In seinem Eigenheim in Köln-Junkersdorf feierte Kurt Edelhagen, 52, am vorletzten Samstag mit Champagner den ‚vielleicht erhabensten Tag meines Lebens‘. Vor rund einer Milliarde TV-Zuschauer in aller Welt hatte der Kapellmeister mit seiner Band wenige Stunden zuvor zur Olympiade-Eröffnung in München aufgespielt und sich dabei, so eine Tageszeitung, ‚die erste inoffizielle Goldmedaille‘ geholt.“

19 1972 wurde zum ersten Mal eine Sportveranstaltung dieses Ausmaßes wie die Olympischen Spiele in München instrumentalisiert, um durch Geiselnahme politische Gefangene frei zu pressen.

72 Geheimnisse rund um die Olympischen Spiele 1972

Die Nummern im Text geben den Standort der beschriebenen Objekte in den beiden Karten der Umschlaginnenseiten an.

1. Geheimnis

Orange und Sichtbeton – Die Olympialinie

Als München 1966 den Zuschlag für die Olympischen Spiele erhielt, stand die Stadt vor der Herausforderung, Infrastrukturmaßnahmen, die für einen Zeitraum von 30 Jahren geplant waren, innerhalb von sechs Jahren umzusetzen. Unter anderem den U-Bahn-Bau, für den es schon vor dem Zweiten Weltkrieg Pläne gegeben hatte. Eine „Unterpflasterbahn", also eine unterirdische Straßenbahn, die nach dem Krieg geplant war, wäre im Bau und im Unterhalt wesentlich kostengünstiger als eine U-Bahn gewesen, hätte aber nicht die ausreichenden Beförderungskapazitäten gehabt. Also ging es an den Bau der U-Bahn: Am 1. Februar 1965 war es dann soweit: Der Bayerische Ministerpräsident Alfons Goppel und der Münchner Oberbürgermeister Hans-Jochen Vogel führten am heutigen U-Bahnhof Nordfriedhof den ersten Spatenstich aus. Die erste U-Bahn-Linie, die U6, entstand. Sie führte vom Kieferngarten über den Marienplatz zum Goetheplatz.

Noch heute erinnert am Nordfriedhof – vor der Sparkasse – ein Pfeiler an den Beginn des U-Bahn-Baus.

Für den Bau der Olympialinie wurden auch die meisten Münchner Stadtbäche zugeschüttet. Wie hier in der Heiliggeiststraße erinnern noch Bodenplatten an den damaligen Verlauf der Bäche. Und die olympischen Ringe erinnern an Olympia.

Die Vergabe der Spiele bedeutete für den Münchner U-Bahn-Bau einen „gewaltigen Anschub", aber auch einen riesigen Zeitdruck. Denn ursprünglich sollte das Oberwiesenfeld vom Hauptbahnhof aus zu erreichen sein. Doch diese Strecke bis zum Sommer 1972 fertigzustellen, war unmöglich. Die Lösung war ein kurzer Abstecher von der bereits im Bau befindlichen U6 an der Münchner Freiheit zum geplanten Olympiagelände, die sogenannte, rund vier Kilometer lange „Olympiastrecke".

Der immense Termindruck macht die U-Bahn-Bauer erfinderisch: So wurden etwa damals zur Abdichtung der Tunnel gegen Grundwasser nicht die üblichen Bitumenbahnen verwendet, die wären zu zeitraubend gewesen. Stattdessen wählte man ein völlig neues Verfahren: Den Bau mit wasserundurchlässigem Beton.

Roher Beton

Heute fragen sich so manche, warum um Himmels willen die U-Bahn-Stationen Bonner Platz, Scheidplatz, Petuelring und Olympiazentrum unter Denkmalschutz gestellt werden sollen. Diese hässlichen Betonstationen! Nun, bei Denkmalschutz geht es nicht um Schönheit, die liegt ja nun mal im Auge des Betrachters, sondern um die Frage, ob etwas ein Dokument der Zeitgeschichte ist. Und diese vier Stationen sind es auf jeden Fall. Das hängt auch mit der Bewerbung für eine Eintragung des Olympiageländes in die Liste des UNESCO-Welterbes zusammen, die die Stadt vorbereitet, erklärt das Denkmalamt. Auf der Denkmalliste steht das Olympiagelände bereits. Die Infrastruktur, die die Menschen zu den Spielen brachte, gehöre da dazu. Sie sind Teil der Olympiastrecke, die pünktlich zu den Spielen eröffnet wurde. Erkennbar an den orangefarbenen Leitlinien und Säulen. Und dem Sichtbeton an den Wänden im Stil des Brutalismus. Ein Baustil, der für mehr als zwei Jahrzehnte den Städtebau prägen sollte. Der Name hat nichts mit dem Wort „brutal" zu tun, wie man glauben könnte, sondern kommt vom französischen „béton brut" (roher Beton). Der Brutalismus stand für eine Architektur, die bei Material und Konstruktion authentisch sein und nichts verbergen wollte. Schon in der Antike war Beton bekannt, aber erst der 1845 erfundene schnell trocknende Beton machte ihn zum wichtigsten Baustoff der Moderne.

Wer diese U-Bahn-Stationen (und die meisten anderen auch) verstehen will, muss wissen, dass U-Bahn-Stationen in der Regel das widerspiegeln, was oben ist. Entweder durch den Namen der Station, durch die Gestaltung der Wände, durch ein Kunstwerk oder durch das Material.

„Es ist wirklich höchste Zeit, dass man mit einer Untergrundbahn dem lawinenhaft angewachsenen Verkehr in den Münchner Straßen ausweicht", schimpfte im Jahr 1905 ein Abgeordneter im bayerischen Landtag. Am 1. Februar 1965 war es dann endlich so weit: Der erste Träger wurde bei der U-Bahn-Baustelle Schenkendorf-Ungererstraße, heute „Nordfriedhof", in der Erde versenkt. Die Straßenbahnerkapelle schmetterte den Marsch „Die Bosniaken kommen", gefolgt vom bayerischen Defiliermarsch. An den verschiedenen Bauabschnitten arbeiteten Fachleute aus 13 Nationen, „einschließlich Preußen und Nigerianer", wie es launig im Richtspruch heißt.

Am 19. Oktober 1971 um 14 Uhr stürmten die Münchner ihre U-Bahn, genossen die Fahrt mit dem fantastischen Gefühl, unbehindert von Ampeln und Stauungen ans Ziel zu kommen. „Des hamms schee hibrocht" lautete das Resümee. Krankenschwester Any Nothelfer in der AZ über ihre erste U-Bahn-Fahrt: „Ich war richtig benommen über so viel Schönes, ich kann das in Worten gar nicht zum Ausdruck bringen. Alles ist gewaltig und faszinierend. Wie ein großes Wunder ist dieses Projekt anzusehen. Es war das größte Erlebnis meines Lebens. Möge der liebe Gott immer mit seinem Segen mitfahren". Man fuhr seinerzeit mit der U-Bahn, damit man mit der U-Bahn gefahren ist, so besonders war dieses Verkehrsmittel damals.

Der Grabstein von Hans-Jochen Vogel auf dem Bogenhausener Friedhof dürfte wohl der weltweit einzige sein mit dem U-Bahnlogo und dem Olympiadach auf dem Stein.

Am 19. Oktober 1971 würdigte Oberbürgermeister Vogel „die stadtgeschichtliche Bedeutung des Tages, als einen entscheidenden Schritt zur Verbesserung der Verkehrsverhältnisse und damit zur Erhaltung der Lebensqualität in München. Und wenn mit Hilfe dieser U-Bahn jährlich zehn Menschen ihr Leben behalten, die sonst im Straßenverkehr getötet worden wären, wenn 100 nicht bei Verkehrsunfällen verletzt und verstümmelt werden und ohne physische und psychische Anstrengung den Weg von der Wohnung zur Arbeitsstätte und zurück bewältigen können, wenn Zehntausende täglich im Durchschnitt länger zu Hause bleiben, wenn überdies möglichst viele entlang der Strecke ihr Auto zu Hause lassen und damit zur Luftverbesserung beitragen – dann hat sich diese Anstrengung durchaus gelohnt".

Regierungspräsident Dr. Adam Deinlein seinerzeit über den U-Bahn-Bau: „Kaum ein Thema in der Geschichte unserer Stadt hat jedoch die Öffentlichkeit so bewegt wie das Thema U-Bahn-Bau; kaum ein Thema hat so viele gebetene wie ungebetene Berater, Kritiker, Besserwisser, Förderer und Kuratoren gefunden, wie Liniennetze, Trassierung und Tiefenlage unserer Straßen- und U-Bahnen".

„Ich will den Himmel in die Erde holen, Oben und Unten vertauschen und das Schwere ins Leichte übertragen." So hatte der U-Bahnhof Künstler Thomas Stricker den Zusammenhang von Oben und Unten in den U-Bahn-Stationen beschrieben.

U-Bahn-Station Nordfriedhof

Farben und Formen

Paolo Nestler, Professor an der Akademie der Bildenden Künste München, konzipierte 1971 eine Elementarbauweise von Wandverkleidungen in pastellfarbenen Tönen, farblich akzentuierten Säulen auf den Bahnsteigen, abgehängten Decken aus Leichtmetall und an den Wänden im Sperrengeschoss der bläuliche Naturstein Ceppo aus Italien. Jeder Bahnhof unterscheidet sich vom anderen durch verschiedene farbige Keramikplatten und die unterschiedlichen Pfeilerformen vom anderen, so wirken die Stationen trotz ihrer Einheitlichkeit nicht uniform. Signaletik heißt dieses Farbprinzip, das der räumlichen Orientierung von Menschen in einem komplexen Gebäude oder Areal dient. Nestler hatte auch die Bahnhöfe Odeonsplatz, Giselastraße und Universität konzipiert.

U-Bahn-Station Marienplatz

Spiritualität und Schönheit

Stufen aus Flossenbürger Granit führen hinunter in die kathedralenartige U-Bahn-Station des Architekten Alexander Raimund Freiherr von Branca, gestaltet in den symbolreichen Farben Orange und Azurblau, denn nach der chinesischen Tradition steht das beruhigende Azurblau für das Yin (kalt) und das lebendige Orange für das Yang (warm). Letzteres aber auch für die „Olympialinie" und die Olympischen Spiele 1972, denn die hatten den U-Bahn-Bau in München sehr beschleunigt. Die Station ist so bildschön, dass sie sogar auf einer Briefmarke abgedruckt wurde (Ausgabe am 2. April 2020). Die Spiegel hinter den Wartebänken entlang der Gleise korrespondieren mit der Wandgestaltung am Scheidplatz, ebenfalls ein Knotenpunkt. Der internationale Lichtkünstler Ingo Maurer hat im Jahr 2012 das rot-weiße Lichtkonzept im Sperrengeschoss gestaltet.

Schön und beeindruckend wie eine Kathedrale: die U-Bahn-Station Marienplatz.

U-Bahn-Station Münchner Freiheit

Friede! Freude! Freiheit!

Der Name „Münchner Freiheit" ist eine Hommage auf die Freiheitsaktion Bayern, Ende des Zweiten Weltkriegs im Widerstand gegen den Nationalsozialismus (Erinnerungstafel an der Treppenanlage draußen). In der Sperrengeschosspassage leuchten Röhrenlampen aus der Ferne wie ein Victory- oder ein Friedenszeichen, aus der Nähe als zwei parallele Leuchten. Eine raffinierte Installation vom Münchner „Lichtpapst" Ingo Maurer, der für die leuchtend blaue und gelbe Neugestaltung des Bahnhofs verantwortlich zeichnete. Die blauen Leuchten um die Säulen bilden ein griechisches Kreuz, Symbol für das Christentum, die vier Balken bedeuten Erde und Himmel oder Raum und Zeit. Bis 2010 wurde das „Münchner" mit „e" geschrieben: „Münchener Freiheit". Spiegelungen an der Decke spielen auf die verschlungenen Linien an der Wand der Station Fröttmaning an, auch sie ein Verkehrsknotenpunkt.

U-Bahn-Station Bonner Platz

Großstadtleben

Die Sichtbetonoptik der Hintergleiswände in der U-Bahn-Station Bonner Platz spiegelt die damaligen oberirdischen Bauten wider und setzt damit architektonische Grundmuster der Olympiabauwerke im Untergrund fort. Gegliedert werden die Sichtbeton-

Die Hintergleiswände der U-Bahn-Station Bonner Platz zeigen Szenen einer Großstadt wie einen Zoo, Bank, Konzertsaal, Bücherei, Brauerei, eine Rathaussitzung, aber auch fliegende Vögel und – Adam und Eva.

wände von in die Schalung der Wände eingelassenen Reliefdarstellungen der Künstlerin Christine Stadler. Der Boden ist mit Isarkiesel-Motiven ausgelegt von der Münchner Schotterebene, entstanden während der Eiszeit durch Abtragung der Alpen.

U-Bahn-Station Scheidplatz

Muschelkalk und Meerestiere

Benannt nach Dr. Karl Friedrich Scheid, einem Psychiater im nahen Max-Planck-Institut, der 1944 von den Nationalsozialisten erschossen wurde. In der U-Bahn-Station sind die Abgüsse eines echten U-Bahn-Wagens in die Wände über den Gleisen eingelassen. Weil sie zur Bahnsteigmitte hin breiter werden, vermitteln sie die Dynamik des Ankommens und Abfahrens. Die Majoliken an der Wand, alle ein handwerkliches Unikat, beziehen sich in den Farben auf den Marienplatz (Verkehrsknotenpunkt) und mit dem Meerestieremotiv auf das nahe Freibad Georgenschwaige – wie ein Fisch im Wasser! – und auf den Obelisk aus Muschelkalk im Luitpoldpark (Muschelkalk besteht aus Meerestieren).

U-Bahn-Station Petuelring

Psychedelisch grün und monarchisch gelb

Petuel ist der Name einer Familie bedeutender Geschäftsleute und Sozialförderer aus dem Münchner Norden, auf deren Wohl-

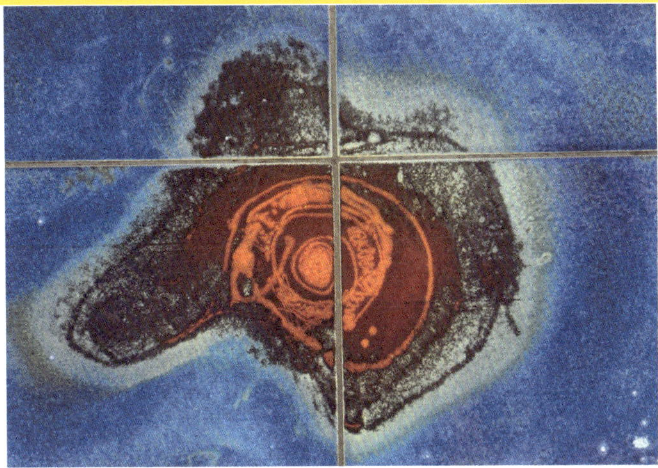

Die blauen Majolikakacheln in der U-Bahn-Station Scheidplatz weisen auf das Schwimmbad Georgenschwaige hin, wo man sich wie ein Fisch im Wasser fühlen kann und wo Mark Spitz einst für Olympia trainiert hatte. Jede Kachel ist ein Unikat. Bei Ausbesserungsarbeiten können die Farbtöne von damals nicht mehr hergestellt werden.

tätigkeit die Hintergleiswände in Sichtbeton mit abstrakten Formen und goldenen „Münzen" hinweisen. Die Petuels waren Betreiber von Münchens erster Omnibuslinie und hatten einst mit

Die ersten Fahrgäste der Münchner U-Bahn hatten die bunten Hallen der U-Bahn-Station Petuelring als psychedelisch bezeichnet, womit sie die Kacheln in dieser Station mit ihren verschwommenen grünen Farbtönen meinten. Grün wie der Luitpoldpark und wie das Wasser des Nymphenburg-Biedersteiner Kanals. Die gelben Kacheln beim Ausgang zur Schleißheimer Straße weisen auf die gelbe Fassade des Nymphenburger Schlosses hin.

Der ehemalige Busbahnhof 1 an der U-Bahn-Station Olympiazentrum

der Zustimmung von König Ludwig II., dem Märchenkönig, aus einem Weg eine befestigte Straße an der Stelle des heutigen Petuelrings gebaut.

U-Bahn-Station Olympiazentrum 

Dorfglühen und Maulwurfssilhouette

Nur Olympiadörfler kennen es: Das Dorfglühen. Wenn abends die Sonne am Studentenhochaus am Helene-Mayer-Ring „Watzmann" und „Zugspitze" aufglühen lässt, denn diese Berge stellt das Studentenhochaus dar, dann sieht das aus wie Alpenglühen. Darauf bezieht sich der Verlauf der Sonne vom Sonnenauf- bis Sonnenuntergang unten an den Hintergleiswänden. Die Rillen in den Kreisen waren einst goldfarben wie Sonnenstrahlen. Beim Bau der U-Bahn kam die revolutionäre Siemens-Technik, der „Eiserne Maulwurf", zum Einsatz. Sein Aushub für die U-Bahn erhöhte den Olympiaberg, der in der Draufsicht die Silhouette eines Maulwurfs zeigt. Das Team um Otl Aicher – Gestaltungsbeauftragter der Olympischen Spiele und Erfinder der Piktogramme – hat auch das U-Bahn-Logo geschaffen – das U in der Schriftart Univers, in der auch die U-Bahn-Linien beschriftet sind.

Seit dem Jahr 2007 gammelt der für die Olympischen Spiele gebaute Busbahnhof, der aufgrund der Erweiterung der U3 aufgegeben wurde, vor sich hin. Die Uhr auf dem Gelände zeigt kurz vor zwölf – und das schon seit vielen Jahren. Es gab Bürgerversammlungen, einen runden Tisch und es sollte einen Wettbewerb geben. Herausgekommen ist dabei: Nichts. Das marode Dach muss dringend saniert werden, eine nicht ganz leichte Aufgabe, denn der Bahnhof war ein wichtiger Bestandteil des Verkehrskonzepts, das die Architekten Behnisch & Partner sowie der Landschaftsarchitekt Günther Grzimek für das Olympiagelände 1972 entworfen hatten. Die Überdachung selbst ist zwar kein Denkmal, gehört aber zum geschützten Ensemble Olympiapark, und für das hat München eine Bewerbung zur Aufnahme in die Weltkulturerbe-Liste der UNESCO laufen. Also einfach abgerissen werden darf die Konstruktion nicht. Noch ist nichts entschieden, es wird also spannend bleiben, was aus dem Areal einst werden wird.

U-Bahn-Station Oberwiesenfeld 3

Eine Frage des Standpunkts

Das „Obere Wiesenfeld" – auf dem das Olympiagelände entstanden ist – war einst Militärübungsgelände, wo auch König Ludwig II. paradierte, dann Flugplatz und seit 1972 Olympiapark und Olympisches Dorf. Die Wandgestaltung von Rudolf Herz greift den labyrinthischen Weg über die Straßbergerstraße zur Kirche im Olympiadorf auf. Steht man vor der Wand, erkennt man nur weiße und schwarze Streifen. Nur von den Eingängen her erkennt man das Labyrinth und das Kreuz in der Mitte. Man nennt das Anamorphose: Bilder, die nur unter einem bestimmten Blickwinkel zu erkennen sind. Gegenüber schafft die orange Wand Bezug zur Olympialinie. 15 Pyramiden- oder auch berg-

Einst hatte König Ludwig II. auf dem Oberwiesenfeld, das damals noch weit vor der Stadt lag, paradiert, wie auf diesem Willibecher zu sehen ist. Auf dem hier seit 1930 angelegten ersten Verkehrsflughafen Münchens nahm der Flugverkehr stark zu, sodass er bereits 1939 nach Riem verlagert wurde. Das Oberwiesenfeld war nur noch Militärflughafen und dann Sportflughafen.

Eine Erinnerung an das Oberwiesenfeld, wie es einst war, findet man auf den mit Pappeln bewachsenen Verkehrsinseln auf der Zufahrt in die Tiefebene. Mit Absicht wurde hier ein Stück Oberwiesenfeld erhalten.

förmige Lichtschächte an der Decke erhellen die Station, jede hat zehn Scheiben – empfing nicht Moses die zehn Gebote auf dem Berg Sinai? Und stehen die Pyramiden nicht für die Verbindung zum Himmel?

Nach 1945 diente das Oberwiesenfeld US-amerikanischen Soldaten als Übungsplatz und als Schuttplatz. Sie sollen hier auch ganze Wagenladungen voller Bananen und Kaffeepackungen abgeladen und vergraben haben. Eine schöne Gelegenheit für manche Münchner, sich diese knappen Waren zu besorgen … Was wiederum für die Amerikaner sehr unschön war. In den Nachkriegsjahren lag das Gelände brach, weil sich seine drei Eigentümer, die Stadt, das Land und der Bund nicht auf eine Nutzung einigen konnten. Die Stadt

U-Bahn-Station Oberwiesenfeld: Alles eine Frage des Standpunkts. Der Weg von der U-Bahn-Station führt durch eine labyrinthartige Gasse hin zur Kirche im Olympischen Dorf.

stellte sich einen großen Erholungspark vor, der Bund wollte das Gelände wieder militärisch nutzen und Land wollte eine Sportakademie mitsamt Hochschulinstituten und Studentenwohnheimen einrichten.

U-Bahn-Station Olympia-Einkaufszentrum 4

Licht und Schatten

An den Wänden leuchten kleine, pyramidenförmige Strukturen, die sogenannten „Diamanti", die ein sich ständig wandelndes Muster aus Licht und Schatten und Pfeilen bilden. Ein klassisches Gestaltungsmotiv in der Baukunst, das man am Palazzo dei Diamanti in der italienischen Stadt Ferrara und – am Hugendubelhaus am Marienplatz findet. Eine Pyramide steht auch am Endpunkt der U6, am Klinikum Großhadern. Im Sperrengeschoss hängen Leitplanken an der Decke; die Installation „Erst rechts, dann links, dann immer geradeaus" von Olaf Metzel ist ein Bezug auf den mittleren Ring und die nahe Autobahn. Von der Rolltreppe blickt man in eine weitere Installation – scheint da nicht das zu Olympiazeiten erbaute Einkaufszentrum zu verlaufen?

Demokratie auf Schienen

Nichts symbolisiert so sehr den Aufbruch in die Demokratie wie der U-Bahn-Bau. Weg von der autogerechten Stadt mit einem Fahrer mit FÜHRERschein, wo einer das Tempo angibt: „Wenn es dir nicht passt, dann steige aus", hin zu einem vollkommen demokratischen Gefährt, in dem alle gleichberechtigt sind und keiner das Tempo angibt. Bei der Jungfernfahrt der U-Bahn war allerdings davon nicht viel zu spüren: Die geladenen Gäste waren allesamt aus der Prominenz inklusive Mitglieder des Klerus. Alle waren nicht nur Ehrengäste, sondern durften auch drei Tage lang kostenlos mit der U-Bahn fahren. Etwas, das dem Verkehrs- und Stadtplaner Karl Klühspies gewaltig gegen den Strich ging. Also kopierte er kurzerhand 2.000-mal ein Freiticket und verteilte die Vervielfältigungen unter dem Volk, das dann seinerseits auch kostenlos drei Tage mit seiner U-Bahn fahren durfte. So sieht Demokratie aus!

2. Geheimnis

Im Osten geht die japanische Sonne auf

Bei den XI. Olympischen Winterspielen 1972 in Sapporo wurden sechs Wettbewerbe im alpinen Skisport an den Hängen der Berge Eniwa und Teine ausgetragen.

Das Thema Amateurismus sorgte bei den Spielen in Sapporo 1972 für Kontroversen. Der österreichische Skifahrer Karl Schranz wurde für nicht teilnahmeberechtigt erklärt, weil er erlaubt hatte, dass sein Name und sein Foto in kommerzieller Werbung verwendet wurden, aber Vollzeit-Eishockeyspieler aus kommunistischen Nationen durften an den Spielen teilnehmen.

Unter den Frauen war der absolute deutsche Star die 17-jährige Monika Pflug, die bei den Olympischen Spielen 1972 in Sapporo überraschend die Goldmedaille im Eisschnelllauf über 1.000 Meter gewann. Bis 1990 war sie die einzige westdeutsche Eisschnellläuferin, die eine Goldmedaille bei Olympischen Spie-

Eden Hotel Wolff, Treffpunkt einer japanischen Delegation, aber auch Unterkunft der Attentäter.

Tafel im Rathausdurchgang, die an die Spiele erinnert.

len holte. Neben vielen Medaillen hatte sie auch das Herz der Zuschauer gewonnen, was ihr den *Bravo*-Otto eingetragen hatte, ein Preis, den die Leser des Blattes seit 1957 jährlich durch Abstimmung an ihre Lieblingsstars verleihen.

Offiziell konnte man immer lesen, dass Ivana Trump Mitglied des Olympiateams 1972 im japanischen Sapporo gewesen war. Beide Trumps sollen das behauptet haben. Später relativierte Trump seine Aussage, Ivana wäre nur im Ersatzteam gewesen. Als das Magazin Spy aber den Sekretär des tschechischen Olympiateams befragte, gab der an, in den Aufzeichnungen sei keine Person dieses Namens zu finden.

„Mit einem Abendessen im „Platzl" verabschiedeten sich jetzt Vertreter des Münchner Zeitungs-Verlages und des Süddeutschen Verlages von den fünf japanischen Schülern aus Sapporo, die die Münchner im Rahmen eines Austauschprogramms zu den Spielen nach München eingeladen hatten. An dem Abschiedsessen nahmen auch die fünf Münchner Schüler, deren Eltern und Mitglieder des Schulreferats teil. Außer einem Koffer voller schöner Erinnerungen („Das Schloss Neuschwanstein ist wunderschön") nimmt das vierzehnjährige Nesthäkchen Haruko Ishii auch ein stilechtes Dirndl-Kleid mit nach Hause. Ihre Freunde entschieden sich für eine Blockflöte und eine Gitarre als Andenken aus München. Während ihres vierwöchigen Aufenthalts

entdeckten die fünf jungen Japaner ihre Vorliebe für bayerisches Essen. „Schweinshaxe und Knödel mit Lunge waren ihren Favoriten, wenn wir in einem Lokal aßen", weiß ihr deutscher Begleiter, der Lehrer Horst Pointner. Die fünf Schüler aus Sapporo nahmen auch an der offiziellen Feier im Rathaus teil, die die Partnerschaft der beiden Olympiastädte München und Sapporo besiegelte. Und waren Gäste des Hotel Eden, das seine Freundschaft mit dem japanischen Hotel Miyakoshi in Sapporo feierte".
Süddeutsche Zeitung

„Sapporo 1972 Offizieller Film"
Er gilt als der ästhetisch anspruchsvollste Film aller Olympiafilme. Zu Recht! Man bekommt öfter Gänsehaut beim Anschauen. Nicht so sehr wegen der Schneelandschaft und wohl arktischen Kälte auf Hokkaido, der nördlichsten Insel Japans, sondern mehr wegen der wunderschönen Bilder des Dokumentarfilmers Shinoda. Besonders eindrucksvoll ist der Eiskunstlauf, der verwandelt sich in ein wunderschönes Intermezzo mit fliegenden Schwänen bei den Küren. Während des Finales steigert die Musik von Toru Takemitsu die Spannung, die den Wettbewerb im Skispringen von der Großschanze umgibt. Der Film ist unter https://olympics.com/de/originalserien/folge/sapporo-1972-offizieller-film-sapporo-winter-olympics zu sehen. Masahiro Shinoda | 1972 | 167' |2013 IOC Restaurierte Fassung

3. Geheimnis

The games must go on! Logo!

Den Avery-Brundage-Brunnen 5 kennt kaum einer, weil er im Japangarten etwas abseits vom Weg liegt, selbst langjährige Olydörfler gehen hier meist achtlos vorbei. Lange Jahre war das Areal von Stammkunden vom Kiosk gegenüber gut besucht. Weil das Areal so lange von den Olympiadörflern nicht wahrgenommen wurde, hat man im Dorf über Nutzungsmöglichkeiten nachgedacht. Eine davon war die Einrichtung eines Liebes-Verabschiedungsraums. Also eines Ortes, wo sich Liebende nochmals innig umarmen können, bevor sie für einen Tag in den Tiefen der U-Bahn und der Arbeitswelt verschwinden.

Der Brunnen ist in einem kleinen Büchlein über Münchens Brunnen aufgeführt, ohne weitere Erläuterung. Sonst ist nichts zu finden. Da ist Kombinieren gefragt! Die Form des Brunnens ist die der Glücksspirale, die zu den Spielen ins Leben gerufen wurde, um diese zu finanzieren. Unterteilt ist der spiralenförmige Brunnen in verschiedene Abschnitte. Sie sollen wohl die verschiedenen Geldquellen anteilsmäßig darstellen. Was aber das steinerne Ausrufezeichen bedeutet, bleibt noch zu klären.

Die Glücksspirale hat 170 Millionen und der Förderverein 40 Millionen zur Finanzierung der Spiele beigetragen. Aber besonders ergiebig war die 10-DM-Münze, die sich ein Beamter im Finanzministerium in Bonn einfallen ließ. Material- und Herstellungskosten betrugen 2,50 Mark, verkauft wurde die Münze dann für 10 Mark. Hans-Jochen Vogel erzählte in der Süddeutschen vom 11. September 2012: „Und dann ist etwas passiert, was sicher kein Zufall war: Auf den Münzen steht ja immer eine Beschriftung, und diese Beschriftung lautete auf der ersten Serie, die eine Auflage von zehn Millionen Stück hatte ‚Olympische Spiele 1972 in Deutschland'." Deutschland! Die DDR konnte das natürlich nicht auf sich sitzen lassen und legte beleidigt Protest ein. Auch das IOC hatte reklamiert, denn Olympische Spiele werden nicht an Länder, sondern an Städte vergeben.

Avery Brundage, der Namensgeber des Brunnens, ist durch einen einzigen Satz in die Sportgeschichte eingegangen. „The games must go on", verkündete der ehemalige IOC-Präsident

Der Avery-Brundage-Brunnen im Japangarten dessen spiralenförmige Form vermutlich die Finanzierung der Olympischen Spiele symbolisieren soll. Die Kosten für Olympia wurden durch den Verkauf von Olympia-Münzen, durch die Lotterie und durch die mit Toto und Lotto kombinierte Olympia-Wette aufgebracht. Die restlichen 50 Millionen DM wurden zu 50 Prozent vom Bund und zu je 25 Prozent vom Freistaat Bayern und von der Stadt München finanziert.

nach dem Attentat. Man wollte sich nicht erpressen lassen und auch kein Zeichen für andere Entführer setzen. Eine sehr umstrittene Entscheidung. Ein paar Athleten reisten ab und die überlebenden Mitglieder der israelischen Olympiamannschaft verließen München. Es war aber nicht diese Entscheidung, die Asian Art Museum in San Francisco im Juni 2020 bewogen hatte, eine Büste von Brundage mit der offiziellen Begründung abzubauen: Brundage habe rassistische und antisemitische Ansichten unterstützt. Der US-Amerikaner habe gegen Schwarze agitiert und mit den Nazis sympathisiert: Er hatte Hitler bewundert, vor allem für seinen „Anti-Kommunismus" und hielt laut seinem Tagebuch eine Diktatur für die beste Art der Regierung. Dabei hatte Brundage das Museum erst möglich gemacht, indem er seine gesammelten Kunstwerke schon zu Lebzeiten der Einrichtung vermacht hatte.

4. Geheimnis
Ursymbol auf blauem Grund – Der Strahlenkranz

Was war das seinerzeit ein Gerangel um dieses Symbol, das München als Olympia-Wahrzeichen in aller Welt vertreten sollte. Der bayrisch-christsoziale Staatsbank-Präsident Rudolf Eberhard fühlte sich angesichts des Symbols an einen Hosenknopf erinnert. Also beschloss das Olympische Komitee, sich hilfesuchend ans Volk zu wenden, das es angesichts des Versagens der Experten schon richten werde. „Bild" griff die Idee auf und schrieb einen eigenen Wettbewerb aus. Was waschkorbweise in München eingetroffen war, entsprach dem, was die Designer eben nicht wollten: die olympischen Ringe, aufgehängt zwischen den Frauentürmen; fünf Bierkrüge, zum Olympia-Symbol verbunden; das Kindl in herzigen Versionen und so weiter. Die Bildzeitung selbst hatte ein Münchner Mönchlein vorgeschlagen, das fünf Ringe in die Höhe stemmt …

Was die sehr klare, schnörkellose „Univers"-Schrifttype anbetraf, so sei dies „keine deutsche Schrift", weil eben so klar. Und als Otl Aicher auf 100 Schautafeln seine Gesamtkonzeption vorstellte, drehten ihm die verdrossenen Olympia-Organisatoren während des Vortrags demonstrativ den Rücken zu – nicht einmal hinsehen wollten sie bei so viel „Das haben wir noch nie so gemacht".

Ursymbol auf blauem Grund – das Olympialogo „Strahlenkranz"
Die Spirale, genauer gesagt, der Strahlenkranz soll eigentlich gleichermaßen ein Symbol der Sonne, der Blume und des Sterns sein, und das noch in einer extrem strahlenden Ausbildung. Eine Jury entschied sich für einen Strahlenkranz mit überlagerter Spirale, Symbol für den Begriff „strahlendes München". Eine Art technisches Ursymbol auf hellblauem Grund, der Farbe RAL 5012.

5. Geheimnis

Herzlich willkommen im OD

Schon an der Brücke von der U-Bahnstation „Olympiazentrum" ins Olympische Dorf mäandert es, klein und unscheinbar, aber es mäandert unübersehbar als Muster am untersten Rand der weißen Brückenwände ins Dorf hinein. Antik und griechisch wird es dann in der Einkaufspassage am Eingang zum Olympischen Dorf, denn dort sind am Boden in Mosaikart die Buchstaben OD (für Olympisches Dorf oder – ODE an das DORF) eingearbeitet und anschließend die Zahl 1972 (6). Der Name Mosaik kommt vom Griechischen moúseios („den Musen geweiht, künstlerisch").

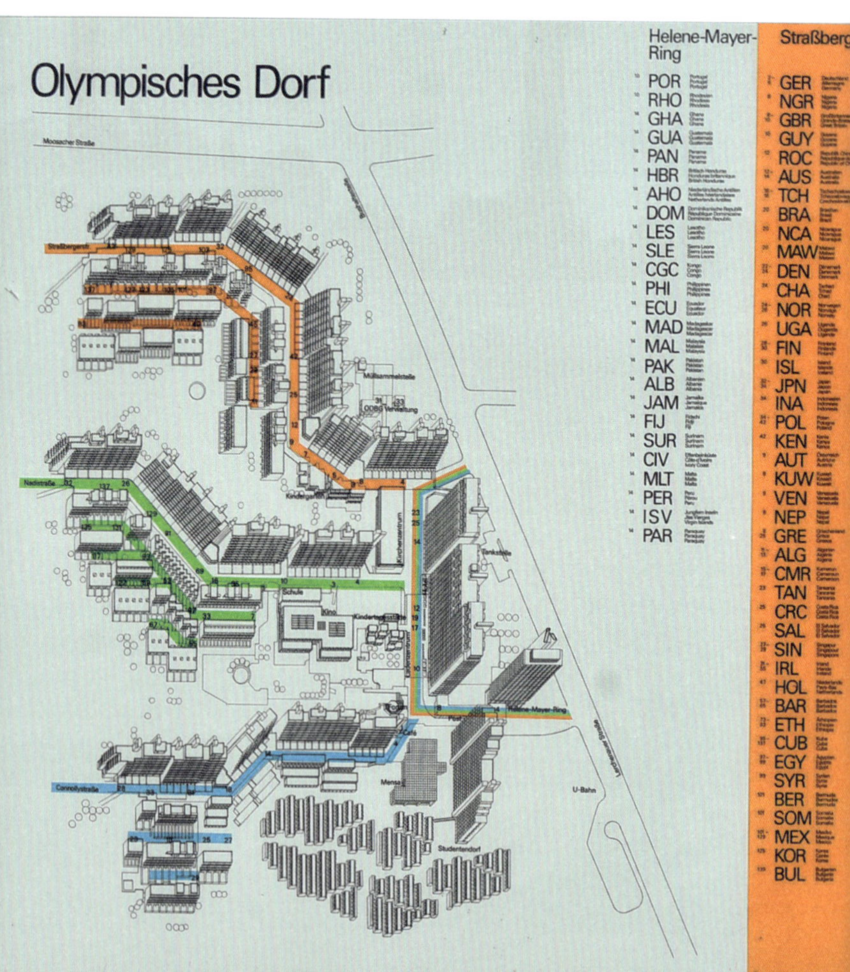

An der der Brücke findet man auch eine Übersichtstafel (7), die über das „Welche Nation hat wo gewohnt während der Olympischen Spiele 1972" informiert. Die 3-Letter-Codes für die einzelnen Länder, wie sie im Flugverkehr verwendet werden, sollen an die Vergangenheit des Olympiageländes als Flughafen erinnern.

Wie man auf dem Plan sieht, war das Olympische Dorf streng in ein Männer- und in ein Frauendorf unterteilt. Im „Oberdorf" waren in den Hochhäusern die Männer untergebracht, in den kleinen Bungalows, dem heutigen Studentendorf, die Frauen. Das Männerdorf erstreckte sich über die Connollystraße, Nadistraße, Straßbergerstraße sowie den Helene-Mayer-Ring. Es beherbergte 11.715 Sportler und Betreuer in 2.995 Appartements, in denen zwischen zwei und sieben Athleten Platz hatten. Im Frauendorf in der Connollystraße gab es 1.718 Appartements für je eine Sportlerin und neun Wohnungen für je sechs Athletinnen. Auf der Tafel kann man herausfinden, welche Länder wo untergebracht waren. Entworfen wurde das 1998 zusammen mit den Sportanlagen im Olympiapark unter Ensembleschutz gestellte Dorf von dem Architektenbüro Heinle, Wischer und Partner. Heute befindet sich auf dem 300 Hektar großen Areal mit über 6.000 Bewohnern in etwa 3.500 Wohneinheiten eines der beliebtesten Wohngebiete in München.

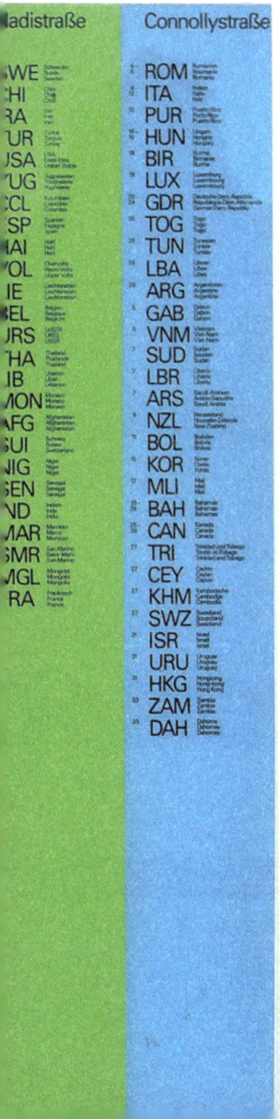

Die 3lettercodes, wie sie im Flugverkehr verwendet werden, vor den Ländernamen sollen an die Vergangenheit des Olympiageländes als Flughafen erinnern.

6. Geheimnis

Stempel von der Schneckenpost

Die Spiele waren ein solches Großereignis, dass damals zwei Tage hintereinander jeweils zehn Stunden Freiwillige in „ihrem" Sonderpostamt in der „Olympia-Philatelie" arbeiteten. Das Postamt befand sich in der Akademie für das graphische Gewerbe der Hochschule Lothstr. 34. Die Briefmarken und die Sonderstempel gingen damals weg wie die frisch gebackenen Brezn. Interessenten aus aller Welt, die wegen des Großereignisses nach München kamen, drückten sich die Türklinke in die Hand, die Nachfrage und der Andrang war immens. Ein Zeitzeuge erinnert sich daran, wie groß der Andrang damals war und der sogar spätabends zuhause noch angerufen wurde, ob er nicht ein paar Sonderstempel hätte.

Ein Briefumschlag aus olympischen Zeiten mit dem begehrten Sonderstempel.

7. Geheimnis
Lauft, ihr Dackel, lauft – das Olympiamaskottchen Waldi

Eine der Folgen im Zuge der Olympischen Spiele war auch die Einrichtung der Fußgängerzone zwischen Marienplatz und Karlstor. Zur würdigen Einweihung liefen Cherie von Birkenhof, die Dackeldame von Willi Daume und die Dackeldame von Oberbürgermeister Vogel und noch an die 1.000 andere Dackel kurz- und krummbeinig die Fußgängerzone entlang. Es war zu einer Zeit, als der Pudel noch der Hund der Stunde war, doch Waldi sorgte dafür, dass von nun an wieder die Dackel dackelten. Waldi war das allererste Maskottchen bei Olympischen Spielen und – das darf man mit Fug und Recht behaupten – das einzige, das liebenswert war. Der Rest unterschritt jegliche Geschmacksgrenze.

Ein Novum bei den Olympischen Spielen 1972 war das Merchandising. Und was ist ein größerer Sympathieträger als ein Tier? Nur welches Tier? Ein Schäferhund? Dessen Ruhm war ja durch Hitler gründlich ruiniert. Den bayerischen Löwen? Das friedliche Bild der Deutschen hätte der auch nicht transportiert und Olympische Spiele werden nicht von Ländern oder von Bundesländern ausgerichtet, sondern von Städten. Und da Willi Daume kurz zuvor Herrchen einer allerliebsten Dackeldame, Cherie von Birkenhof, geworden war, kam er auf die Idee, ein Dackel solle München vertreten. Noch münchnerischer als ein Dackel kann ein Tier nicht sein. Er steht für die Münchner Grantigkeit sowie die „deutschen" Tugenden Treue und Fleiß, ist aber gleichzeitig auch tapsig und lustig. Außerdem käme kein Mensch auf die Idee, mit einem krummbeinigen, eigensinnigen Tier Krieg zu verbinden. Und ganz wichtig: Hitler hatte Dackel nicht ausstehen können.

Otl Aicher hatte in seinen „Richtlinien und Normen für die visuelle Gestaltung" Waldis Form und die Farbverteilung genau vorgeschrieben. Egal, in welcher Form der Waldi auch daherkam: Kopf und Schwanz hatten immer olympiablau zu sein. Hergestellt

Auf Bungalow Nr. 059 (8) heißen die wundersamsten Waldis die Besucher auf die witzigste Weise willkommen

werden durfte er nur mit einer Lizenz des Organisationskomitees. Wie es bei Dackeln und anderen Hunden so üblich ist: Die Dackelnachzucht wurde streng bewacht!

Otl Aicher war es entgegen anders lautender Bericht nicht, der den Dackel gezeichnet hat, sondern seine Mitarbeiterin in der Abteilung für visuelle Kommunikation Elena Winschermann, die von der Presse zu ihrem Unmut als „Waldimutter" tituliert wurde.

Waldi blieb das Maskottchen der Herzen, ein Kassenhit ist er aber nie geworden. Tausende Waldis wurden nach den Spielen in den ewigen Waldihimmel geschickt. Sprich: vernichtet. Cherie von Birkenhof zog nach den Spielen um, in die Rue Réaumur in Paris zu Felix Levitan, Präsident des Internationalen Sportpresse-Verbandes, der sein Herz an sie verloren hatte.

Waldi wurde mal als LSD-Dackel oder auch als regenbogenfarbiger Schwulensympathisant verunglimpft. Er kam in vielerlei Gestalt daher: aus Plastik, Plüsch oder Pappkarton, aber auch aus Baumwolle, Sperrholz, Gold, auf Rädern oder als Puzzlespiel. Auf-

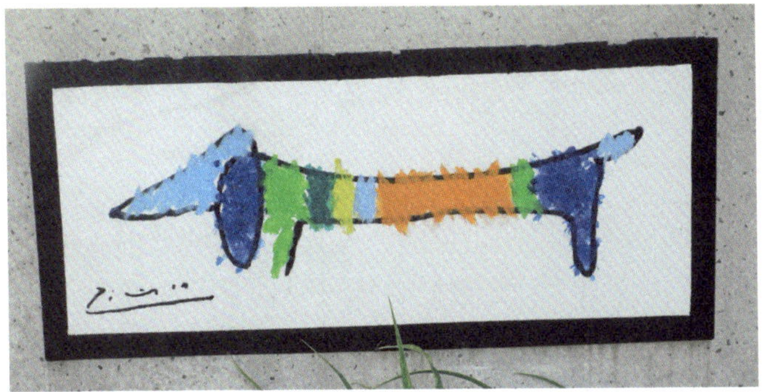

Auch Picasso kam nicht umhin, Waldi zu porträtieren, der nun im Bungalowdorf zu bewundern ist.

blasen, umhängen oder anstecken ließ er sich ebenfalls. Darüber hinaus fand er Verwendung als Tragetüte, Sparschwein und Garderobenhaken. Und als Schaumbad-Tube konnte man ihn sogar in die Badewanne mitnehmen.

Bayrische Bergsteiger, die im Frühjahr 1970 die offiziellen Einladungen vom Olympischen Komitee ins südamerikanische Ecuador überbrachten, setzten das Maskottchen Waldi auf einem bis dahin unbezwungenen Anden-Gipfel aus. Und jeden Freitag war Waldi – in Stoff – Studiogast bei Radio Martinique, dem kolonialfranzösischen Insel-Sender im Karibischen Meer)
Zu Ehren Waldis gab es eine klassische Pressekonferenz mit Journalisten und Fotografen, Otl Aicher und Willi Daume gaben sich die Ehre, und an der wartenden Presse wurde ein Holzdackel vorbeigeführt, dessen Einzelteile beim Hin- und Herziehen wackelten. Die Kameras klickten, die Journalisten schrieben.

Who (the fuck) is Waldi?
Die originellste Hommage an Waldi findet man im Studentendorf am Bungalow 059. Dort ist er in den witzigsten Alliterationen zu finden: Als Willkommens Waldi, Wonder Waldi, Wasser Waldi, Wuschel Waldi, Wiesen Waldi, Wampen Waldi, Weltraum Waldi, Weiter Waldi, Würstchen Waldi, Wetter Waldi oder Warzen Waldi. Alle Waldis wurden von Lena Fraundienst im März 2020 geschaffen, wie am Bungalow zu lesen ist.

8. Geheimnis

Die Farbe Lila und andere Pastellfarben

Rot, schwarz und weiß waren die Farben des Naziregimes und somit der Olympischen Spiele 1936. Rot wie das Blut und wie die Farbe der Cäsaren und Herrscher. Schwarz wie der Teufel und wie die verbrannte Erde. 1972 sollte nichts mehr an diese unselige Zeit erinnern. Gelb wie die Sonne und die Blumen, orange wie das olympische Feuer und der Sonnenunter- bzw. -aufgang, blau wie der bayerische Himmel, weiß wie die Wolken und grün wie das Gras auf den Almen und in den Parks waren die Farben von Olympia 1972. Farben, wie man sie zum Beispiel am oberbayerischen Kirchsee findet.

Schon einmal gab es eine Zeit, bei der die Pastelltöne vorherrschten: Die Zeit des Barock. Auch sie war eine Periode der Neuorientierung nach schlimmen Zeiten von Pest und Dreißigjährigem Krieg. Auch damals sollte wie bei Olympia 1972 alles hell und licht und freundlich sein, strukturiert klar und ohne dunkle Ecken.

Alte Olympiadörfler erinnern sich an den Anfang hier im Dorf, als noch überall viel Lavendel wuchs. Lavendel, der für Freiheit und Erinnerung steht, und für die Abwehr des Teufels. Er gehört zu den „Abwehrkräutern“ und galt im Mittelalter als Muttergottespflanze, der violett/blaue Farbton stand für eine seelische Weiterentwicklung bis hin zu echter Weisheit. Also als Abkehr von den Idealen von Olympia 1936 ... Und so erklärt sich auch die Farbe Lila, von der in der offiziellen Beschreibung des olympischen Farbkanons nicht die Rede ist. Die man aber manchmal bei Olympia 1972 findet, unter anderem in den Farben von Waldi und an den Säulen beiderseits auf dem Weg ins Olympische Dorf.

9. Geheimnis

Wo sind sie geblieben? Die Autos

Es gibt noch heute viele Münchner, die am Olympischen Dorf vorbeifahren und höchstens mal jemanden unten in der Fahrstraße abholen oder abliefern. Und dann mit dem Eindruck eines abweisenden, dunklen Ghettos nach Hause fahren. Nur: Was kennen sie vom Dorf? Den nach außen hin trutzigen und abweisenden Betonberg des Helene-Mayer-Rings und des Studentenhochhauses. Und unten eine enge Fahrstraße. Dass sich oberhalb ein autofreies Wohnparadies befindet, entdeckt man erst, wenn man einmal im Dorf drin ist. Bis heute bleibt ein Rätsel, warum diese geniale Konstruktion niemals an einem anderen Ort auch gebaut wurde.

Die „Spiele der kurzen Wege" sollten es werden, alles auf engstem Raum und fußläufig erreichbar. Also wurde das komplette Olympische Dorf aufgeständert: Unterhalb der oberirdischen Gehwege fahren die Autos und oben gehen die Fußgänger. Auch in der olympischen Unterwelt gibt es ein Farbenleitsystem an der Decke und an den Wänden.

10. Geheimnis
Der Wind, der Wind

Architekturstudenten sollen von weither anreisen, um die berühmten Fallwinde am Eingang zum Olympischen Dorf, also am Beginn der Ladenstraße, zu studieren. Die sind zu manchen Zeiten so heftig, dass man sich kaum dagegen stemmen kann. Auf dem ehemaligen Oberwiesenfeld herrschen besondere Windverhältnisse – deshalb wurde es auch als Flughafen genutzt – die sich beim Bau des Olympiadorfs an dieser Stelle sehr ungünstig erwiesen, denn die Winde fallen vom Hochhaus in die Ladenpassage. Und so können auch die Medialines in ihrer ursprünglichen Funktion als Plakatträger und als Sonnenschutz nicht genutzt werden, weil der Wind sie in Windeseile zerstören würde.

11. Geheimnis

Nur die allerbesten Materialien – Die Olympiaplakate

Die Plakatmotive für die verschiedenen Sportarten wurden von Otl Aicher erstellt. Sie sind noch heute durch ihr markantes Design stilbildend. Die intensiven Farben und die künstlerische Verfälschung der Motive machen sie mittlerweile zu begehrten Sammlerstücken. Sie sind voller Bewegung und sprühend lebendig. Dynamisch. Und nicht statisch wie die Plakate von 1936, die mit Lorbeer bekränzte Heroen mit kantigen Gesichtszügen zeigen.

1972 gab es aber auch noch die Künstlerplakate. Unter anderem von Oskar Kokoschka, Friedensreich Hundertwasser und Horst Antes. Diese Plakate entsprachen ganz dem Geist der Zeit der frühen 1970er Jahren, denn im Dienste der Französischen Revolution wurde auf Plakaten zur „Freiheit, Gleichheit, Brüderlichkeit oder Tod" aufgerufen. In den 70er Jahren begannen die Plakate allmählich auch für den Kunstmarkt interessant zu werden. Zu der Zeit waren auch Poster sehr in Mode, aber diese dienen nur einem privaten Zwecke, während Plakate für die öffentliche Informationsvermittlung da sind.

Ein Novum waren auch die afrikanischen Sportplakate, für die das IOC Künstler aus Afrika nach München eingeladen hatte.

Das Olympische Dorf besinnt sich mehr und mehr seiner großen Geschichte. Auch hier in der Bäckerei Ratschiller's 9, wo Olympiaplakate hängen. In strahlenden Farben. Und das nach 50 Jahren. Nur die besten Farben und das beste Papier wurden seinerzeit verwendet. Man steht heute vor den Plakaten und fragt sich, wie haben die das gemacht damals? Computer hatten sie ja noch keine.

Eine Fundgrube für Olympia-Fans – die Galerie Brandt in der Kapuzinerstraße

Noch ganz viel olympischer Geist anno 1972 ist in der Galerie Brandt in der Kapuzinerstraße 41 zu finden. Betritt man die Galerie, fühlt man sich mitten ins Jahr 1972 zurückversetzt – das Jahr der Olympischen Sommerspiele in München. An der Wand gibt's originale Olympia-Plakate und überall jede Menge Souvenirs der Münchner Spiele. Die Sammlerleidenschaft der beiden Galeristen Stefan Reiber und Bernd Brandt begann auf dem Flohmarkt auf der Arnulfstraße, wo sie ein seltenes Unikat der Spiele von 1972 entdeckten. Seitdem verwendeten Reiber und Brandt jedes bisschen freie Zeit, um immer mehr

Souvenirs, seltene Poster und sogar nie veröffentlichte Plakat-Entwürfe der Münchner Spiele aufzuspüren. Mittlerweile ist eine beachtliche Sammlung entstanden.

Rund 500 Plakate mit mehr als 300 Motiven, Programmhefte, unzählige Bierkrüge, unverkaufte Eintrittskarten oder Exemplare des Olympia-Maskottchens, des Dackels „Waldi", lassen Sammlerherzen höher schlagen. Die meisten Plakate tragen die Handschrift von Designer Otl Aicher, der das visuelle Erscheinungsbild der Olympischen Spiele 1972 maßgeblich gestaltete. Der größte Stolz der Galeristen ist das offizielle, originale Architektur-Modell des Stadions und seiner Umgebung, das lange Zeit im Foyer des Olympia-Turms ausgestellt war.

12. Geheimnis

Helene Mayer – Gladiatorin, Gefangene und Spaßmacherin eines Diktators

Die meisten Straßen im Olympischen Dorf sind nach Athleten benannt, die Opfer der Nationalsozialisten wurden. Auf welche Weise auch immer. Man hatte damals die großartige Gelegenheit genutzt, einerseits Propaganda für Deutschland machen und sich als judenfreundlich gut darzustellen – und heimlich aufzurüsten. Da kam Helene Mayer gerade recht, eine Halbjüdin, die nach ihrem Sieg ihre Silbermedaille sogar mit dem deutschen Gruß in Empfang genommen hat.

„Glauben Sie mir", hatte der Schriftsteller Heinrich Mann im Sommer 1936 in Paris gewarnt: „Diejenigen der internationalen Sportler, die nach Berlin gehen, werden dort nichts anderes sein als Gladiatoren, Gefangene und Spaßmacher eines Diktators, der sich bereits als Herr dieser Welt fühlt." Eine Warnung, die wohl im Besonderen auch an die jüdische Fechterin Helene Mayer gerichtet war. Mit ihren Markenzeichen, den geflochtenen blonden Zöpfen und dem weißen Band um die Stirn, wurde sie kometenhaft zum Idol in den ausgehenden Goldenen Zwanzigern. In deutschen Wohnzimmern standen Porzellanfiguren der jungen Frau, die mit den grazilen Bewegungen einer Tänzerin das Publikum fesselte. Noch heute gilt sie als die beste Fechterin des vergangenen Jahrhunderts. Victor Klemperer schrieb am 13. August 1936 in seinem Tagebuch: „ich weiß nicht, wo die größere Schamlosigkeit liegt, in ihrem Auftreten als Deutsche des Dritten Reichs oder darin, daß ihre Leistung für das Dritte Reich in Anspruch genommen wird". Helene Mayer kehrte nach den Spielen begeistert in ihren damaligen Wohnort, die USA, zurück. Im Rundfunk schwärmte sie über die

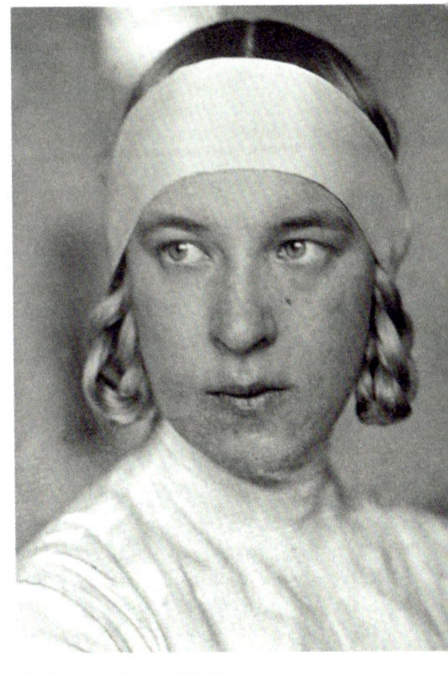

Helene Mayer 1928

Am 15. Oktober 1953 starb Helene Mayer an Brustkrebs. Sie wurde auf dem Münchner Waldfriedhof beigesetzt (Grab Nr. 211-W-12)

Spiele in ihrer Heimat und schimpfte auf Kritiker: „Diese Schwätzer, die sich immer noch nicht beruhigen können, daß die Olympiade in Berlin der Höhepunkt aller Olympiaden war", schreibt sie in einem Brief in die Heimat. „Ob wir uns wohl in der Zukunft wiedersehen werden? Ich weiß nicht. Ich weiß nur, daß ich wieder nach Deutschland kommen möchte, aber dort ist sicher kein Platz für mich... ich bin eben eins der Menschenkinder, die von einem harten Schicksal betroffen wurden", schreibt Mayer im selben Brief. 1952 kehrte sie nach Deutschland zurück, heiratete in München den Flugingenieur Erwin Falkner von Sonnenburg und zog mit ihm nach Heidelberg.

13. Geheimnis

Freiheit in gläsernen-luftigen Formen

so nannte der Architekt Günter Behnisch das Hochhaus am Helene-Mayer-Ring, während der Olympischen Spiele Sitz des IOC, später von BMW genutzt und heute mit seinen 88 Metern Münchens höchstes Wohngebäude, das 344 Business-Wohnungen beherbergt. Erbaut von 1970 bis 1972 gehört der Olympia Tower (10) zum Original-Ensemble des Olympischen Dorfs und steht damit unter Ensembleschutz nach dem Denkmalschutzgesetz. Nebenbei bemerkt: 1972 gehörten dem Organisationskomitee 64 Männer, aber nur eine einzige Frau an!

Die Pflanztröge vor dem Gebäude wurden 1972 erstmals in dieser Form verwendet und gehören bis heute zum Bestandteil der Ausstattung Münchens für den öffentlichen Raum.

14. Geheimnis

Die Foren 1 und 2

In der Antike war ein Forum die Begegnungsstätte der Bürger. Die Wiege der Demokratie. Im Olympischen Dorf zu München soll der Platz ein Symbol für eine hoch entwickelte Bürgergesellschaft mit Vorzeigecharakter sein.

Im Olympischen Dorf war das Forum 1 (11) am Beginn des Helene-Mayer-Rings als Theatron für die Dorfbewohner gedacht. Hier sollte man sich treffen können, miteinander diskutieren, Theater aufführen oder einfach nur Picknick machen. Oder Schachspielen. Doch das „antike Theater" am Forum 1 wird nur selten benutzt, das Schachbrettmuster auf dem Boden des Theaters ist schon lange übermalt worden. Nach der ursprünglichen Planung sollte es sogar beheizt oder nötigenfalls gekühlt werden. Leider ist es nie wirklich von der Dorfgemeinschaft angenommen worden.

Wie genau das ganze Ensemble Olympiapark durchdacht war, und wie vorsichtig man bei Veränderungen sein sollte, sieht man hier am Amphitheater am Forum 1. Auf dessen Boden war einst ein Schachbrettmuster angebracht, das sich auf die Schachgruppen am Ende der Straßbergerstraße bezieht. Aber noch immer ist dieses Amphitheater, neben der Verbindung zur Antike, sehr symbolisch: Es ist ein Oktogon, hat also acht Ecken und acht Stufen, und steht somit für die Überwindung der irdischen Sieben. In der christlichen Zahlensymbolik des Mittelalters ist die Acht die Zahl des glücklichen Anfangs, der Neugeburt, des Neubeginns, der geistigen Wiedergeburt.

Ganz anders das Forum 2 12 in der Nadistraße im Tiefgeschoss der Schule. Hier bietet der Kulturverein des Dorfs ein überaus lebendiges Kulturangebot an, von Lesungen über Konzerte in Münchens kleinstem Konzertsaal bis hin zu Filmvorführungen. Auch Nicht-Olydörfler sind willkommen.

Wie genial Otl Aicher die Farbsymbolik im Olympischen Dorf realisiert hat, sieht man an der Sparkasse, die auf den ersten Blick in keinerlei Zusammenhang mit den Olympischen Spielen 1972 steht. Doch ihr Rot im Logo, das Rot der bayerischen Geranien, schafft mit der roten Medialinie, die vom japanischen Garten beim Busbahnhof 2 durch die Einkaufspassage bis zur Sparkasse im Olympischen Dorf führt, die Verbindung zwischen den Sommerspielen in Bayern und den Winterspielen in Japan.

15. Geheimnis
Die Alte Mensa

1936 wurden die Athleten im Olympischen Dorf in Berlin-Döberitz mit 100 Ochsen, 646 Hammeln und 252.000 Eiern gespeist. In München 1972 stand schon drei Jahre vor den Spielen fest, was die Tiefkühlkette so enthalten würde, zum Beispiel am ersten Tag ein Fertig-Menü, bestehend aus Tomatencremesuppe, Putenoberkeule mit Früchten, Kartoffelbrei mit Blattspinat und Eistorte. Insgesamt wurde eine einheitliche, eiweiß- und vitaminhaltige Nahrung gereicht, die auf wissenschaftlichen Erkenntnissen beruhte. Sonderwünsche konnten aber erfüllt werden. Im Trend der Zeit stellten Kochautomaten die Speisen her, auf der einen Seite kamen die rohen Zutaten rein, auf der anderen Seite fertig gebacken, gebraten, gekocht, gewürzt und gesüßt wieder heraus. Die Sportler mussten nicht lange nach freien Tischen suchen, Lichtsignale wiesen ihnen den Weg zu unbesetzten Tischen. Auch Willy Brandt wollte einmal wie die Athleten speisen, berichteten am 30. August 1972 die „Village News", und ging zum Mittagessen in die Mensa. Als er sich hinsetzte, standen die DDR-Sportler am Nebentisch auf und gingen woanders hin.

Die Toilettensymbole, wie man sie hier im Mensagebäude im 1. Stock sieht, wurden erstmals 1972 während der Olympischen Spiele verwendet. Vorher waren die Toiletten in der Regel mit „Damen" und „Herren" beschriftet.

Die 1972 von Günther Eckert als Teil des olympischen Frauendorfs entworfene Mensa gilt in Architektenkreisen als innovativ konstruierter Bau, der Entwurfsprinzipien des Centre Pompidou vorwegnahm mit selbstentwickelten Bausystemen und industriellen Fertigungsmethoden. Sowohl das studentische Hochhaus als auch die Mensa haben eine fast identische, außen liegende Tragstruktur aus Stahlbetonfertigteilen, die das Innere stützenfrei und flexibel nutzbar machen. Die Alte Mensa (13) ist heute ein Gemeinschaftszentrum für die über 2.000 Studenten im Olympiadorf, kurz „Oly" genannt. Unter dem großen Dach sind unterschiedliche Funktionsräume über „Innere Straßen" miteinander verbunden.

in der Bibliothek im Erdgeschoss der Mensa sind die Regale in den Olympiafarben angestrahlt. Liebe zum Detail, wohin man schaut.

Wer genau hinschaut, kann in den Farbräumen und in den schlauchartigen Erschließungsstraßen einen Verweis auf Günther Eckerts weit über die Olympiabauten hinausgehende technisch-soziale Vision ablesen, wie er sie in seinem Buch „Die Röhre" beschreibt. Ein Kontinuum in Form einer aufgeständerten röhrenförmigen Wohnkonstruktion, das zwischen dem 40. und 50. Breitengrad die Erde einmal umrundet, hätte er gerne gebaut. Die Mensa und das Hochhaus sind – ebenso wie die utopische „Röhre" – Zeugen eines Glaubens an die Lösbarkeit der Menschheitsprobleme durch einen von humanistischen Idealen gesteuerten industriellen Fortschritt.

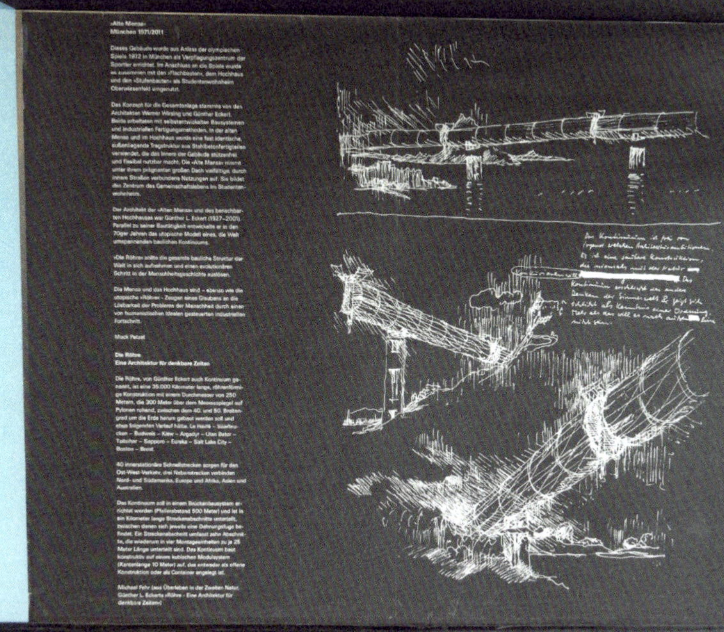

16. Geheimnis

Wo die Studenten wohnen: Der Wohnturm und das Studentendorf

Etwa 1.800 Studenten (die heute Studierende heißen) wohnen im „Wohnturm" (14) im Helene-Mayer-Ring 7 und in der Bungalowsiedlung des ehemaligen Frauendorfs. 801 Apartments mit je 18,94 Quadratmeter Grundfläche inklusive Loggia, verteilt auf 15 bis 19 Geschosse, die durch zwei Kerne erschlossen werden. Charakteristisch für das Hochhaus ist die starke Plastizität und modulare Bauweise, die durch die Stapelung der Loggien entsteht. Während das Hochhaus relativ anonym ist – man sieht es an Vorhängen, die in allen Bungalows gleich sind, ist das ehemalige „Unterdorf" der Frauen ein Ausbund an bunter Lebensfreude.

Schon bevor München den Zuschlag für die Olympischen Spiele bekam, gehörte das Gelände, wo heute die Studentenbungalows stehen, dem Studentenwerk. Der Architekt Werner Wirsing verwarf einen bereits genehmigten Entwurf mit zwei- und dreigeschossigen, mäandernden Gebäuden. Und beschloss, jeder Sportlerin ihr eigens Häuschen zu gönnen (Heute sind an den Häuschen Schilder angebracht, welche Sportlerinnen im Bungalowdorf einst wohnten).

Nach 35 Jahren musste das Areal abgerissen werden, weil die Dächer undicht waren, sich Schimmel gebildet hatte und auch die Dämmung den Anforderungen nicht mehr genügte. Die restlichen wurden 2007 abgerissen und im gleichen Stil, aber mit kleinerer Fläche, wieder aufgebaut; statt ursprünglich 800 zählt die Siedlung jetzt 1.052 Häuser. Statt 4,20 Meter sind die neuen Bungalows nur noch 3,15 Meter breit, die Wohnfläche beträgt 18,8 Quadratmeter. Es sind noch zwölf ursprüngliche Bungalows über das „Dorf" verteilt erhalten. Man erkennt sie daran, dass sie breiter sind als die neuen Bungalows und an der Vorderfront nicht das lange Querfenster neben der Tür haben. Übergewichtig dürfen die Bewohner nicht sein – denn auf das obere Stockwerk und die wunderschöne Dachterrasse führt eine sehr sehr schmale Treppe…

Eine Augenweide sind die Briefkästen im Helene Mayer-Ring 7, die nach dem Prinzip der Signaletik angemalt sind. Einem in den 1920er Jahren erfundenen System, das der räumlichen Orientierung in einem komplexen Gebäude oder Areal wie beispielsweise einem Flughafen, einem Bahnhof, einem größeren Bürogebäude oder einer Schule dient.

In der Nacht zum Sonntag, den 12. November 2007, loderten meterhoch Flammen in den Himmel über dem Studentendorf. Studenten hatten das Thema „Abrissparty“ allzu wörtlich genommen.

17. Geheimnis

Der Stein aus Olympia

Hier am Originalstein aus Olympia 15 vor dem Olympiafruchthaus ist es Zeit, mal nachzuschauen, wie das denn damals war, im Olympia der Antike. War das wirklich alles so besser, so ohne Kommerzgedanken, wie man oft vermutet? Zu Beginn dauerten die Olympischen Spiele gerade mal einen Tag und die Athleten maßen sich nur im Rennen. Dann kamen immer mehr Disziplinen dazu, bis die Spiele fünf Tage dauerten. Die ersten Olympischen Spiele der Antike fanden 776 v. Chr. statt, die letzten wurden vermutlich im Jahr 393 n. Chr. ausgetragen, bevor der römische Kaiser Theodosius I. diese heidnischen Umtriebe, die alle vier Jahre stattfanden, verbat. Sogar Sklaven durften die Spiele beobachten, aber – um Himmels willen! – keine Frauen. Die hätte die Todesstrafe erwartet. Nur eine einzige Frau, Kallipateira, schaffte es, ins Stadion zu kommen. Als Mann verkleidet. Um ihren Sohn zu sehen. Sie war so begeistert, als er siegte, dass man sie enttarnte. Aber da neben dem Sohn schon ihr Vater, ihr Ehemann, drei Brüder und ein Neffe an den Spielen teilgenommen hatten, ließ man Gnade vor Recht ergehen. Teilnehmen durfte nur ein begrenzter Kreis. Freie Männer, die Griechisch sprachen. Keine Sklaven, Barbaren und Kriminelle. Die Gewinner bekamen einen Kranz aus Olivenblättern – und Geld. Einer der berühmtesten Gewinner war Diagoras aus Rhodos. Als seine Söhne wie

Hier am Originalstein aus Olympia vor dem Olympiafruchthaus lässt es sich wunderbar über die olympischen Spiele der Antike nachdenken.

er auch den ersten Platz erreichten, trugen sie ihn auf ihren Schultern durch das Stadion, während das Volk jubelte. Das alles war dann doch zu viel Freude für ihn und er starb vor lauter Aufregung.

Coubertin selbst wurde 1912 unter einem Pseudonym Olympiasieger der Disziplin Literatur, denn von 1912 bis 1948 hatte es auch künstlerische Wettbewerbe in den Sparten Architektur, Literatur, Musik, Malerei und Bildhauerei gegeben. Jedes Kunstwerk musste dabei einen Bezug zum Sport haben.

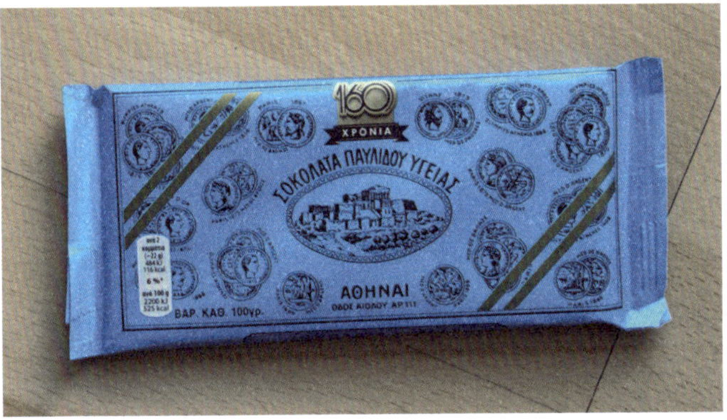

Der französische Philosoph Voltaire hat gesagt: „Geschichte ist die Wahrheit, auf die man sich geeinigt hat.“ Wie recht hatte er. Denn es gibt einen Beweis, dass es nicht Pierre de Coubertin, sondern König Otto von Griechenland war, der die ersten Spiele der Neuzeit im Jahr 1859 ins Leben gerufen hatte: eine Schokolade. Die kam 1862 auf den Markt, ist bis heute überall in Griechenland erhältlich und ist sowohl in der Rezeptur der Schokolade als auch in der Verpackung identisch mit der ersten Schokolade. In der linken oberen Ecke ist eine Münze abgebildet, deren Vorderseite den Schnurrbart vom bayerischstämmigen König Otto von Griechenland zeigt, und die Rückseite den Schwanz des bayerischen Löwen. Darunter steht: Olympia Athens 1859. Ergo wurden die ersten Olympischen Spiele der Neuzeit von König Otto von Griechenland organisiert. Die zweiten fanden 1863 nicht mehr statt, weil das Königspaar 1862 das Land verlassen musste.

18. Geheimnis

Die eierlegenden Wollmilchsäue vom Wunscherfüllungsladen

Viele Dorfbewohner erinnern sich an Paketzusteller, die verzweifelt durch das Labyrinth des Olympischen Dorfs irrten, einem Nervenzusammenbruch nahe. Wer zum Beispiel findet auf Anhieb die Nadistraße Nr. 127? Seit es den Wunscherfüllungsladen 16 in der Ladenstraße gibt, hat das Leid der Zusteller ein Ende. Sie geben ihre Pakete hier ab. Und die Kunden, die kommen hier eh vorbei beim Einkaufen, und können ihre gebrauchten Bücher abgeben oder sich neue aussuchen. Seine Kleider für die Reinigung abgeben, die Schuhe besohlen lassen, Pakete und Post aufgeben, den Hund streicheln, den neusten Dorfklatsch austauschen. Einen hölzernen Schmuckstand nach Maß anfertigen lassen, fragen, ob mal einer prüft, warum der Herd nicht geht oder von einem der starken Männer die Einkäufe hochtragen

Die Männer vom Wunscherfüllungsladen fragen nicht lange, sie machen. Sie sind die innovative Seele des Olympischen Dorfs und einfach gut gelaunte Mitmenschen. Wie hier Christian und Ede. Hier in der Olympiawerkstatt lebt der Olympische Geist von 1972 weiter.

lassen, wenn der Lift ausgefallen ist. So nebenher erfährt man dann vielleicht, dass die Markise reparaturbedürftig ist.

Vielleicht liegen die Reparaturkosten hier ein klein wenig höher als anderswo, wenn man verglichen hat. Nur: Die Gebühren für die Anfahrt fallen weg. Und wie oft ruft man einen Handwerker, der dann den Fehler auf einen Knopfdruck findet – und bei dem normalerweise die Gebühren der Anfahrt höher wären als die Reparaturkosten. Aufträge von außerhalb nehmen die Wunscherfüller nicht an. Aber sie bitten darum, ihre Idee in die Welt zu tragen, auf dass sie nicht der einzige Laden dieser Art sind.

Das neueste Anliegen der Wunscherfüller: Parkplatzsharing im Dorf. Übrigens: Nicht nur was die Wunscherfüllung anbetrifft, sind sie hier Vorreiter, sondern auch in der Genderfrage: Der Häuptling hier ist eine Frau, Martine. Die Indianer sind die Männer, Christian, Ede, Miko und Tobi. Nicht zu vergessen, Yvette, die Seele des Geschäfts und Bonita, die freundliche Hundedame.

19. Geheimnis

Glüh, glüh und verlösche nie

Ach, dieses Pathos 1936: „Heilige Flamme glüh, glüh und verlösche nie“ hatte Propagandachef Goebbels verkündet. 1972 sollte ja alles anders sein als 1936. Aber eines war dann doch ein Relikt aus dieser Zeit: Der Fackellauf. Der wurde 1936 von Carl Diem erfunden, deutscher Sportfunktionär, -wissenschaftler und Publizist. Nach dem Zweiten Weltkrieg gründete er die Sporthochschule Köln. Dabei hatte er in den letzten Kriegstagen noch eine Rede gehalten, mit der er Volkssturmeinheiten in den Kampf trieb. Trotzdem wurden Straßen nach Diem benannt, der damals zum ersten Mal das Feuer vom griechischen Olympia nach Berlin tragen ließ. Der Fackellauf war minutiös geplant: Vier Wochen lang trugen Läufer, Radfahrer, Reiter, Motorradfahrer und Ruderer ohne Unterlass die Fackel, begleitet von Fahrzeugen mit einer Reservefackel.

Das Feuer wird traditionsgemäß am Heratempel in von Sonnenstrahlen in einem Hohlspiegel entflammt. Nach einer alten Sage fällt es direkt vom Himmel auf die Erde. Für die Läufer bleiben als Belohnung nur der Fackelgriff, das Trikot und eine Urkunde. 1972 waren es 5.758 Fackelläufer, die das heilige Feuer über eine Strecke von 5.538 Kilometern trugen. Der junge Günther Zahn hatte dann die Ehre, sie anzuzünden.

Noch heute brennt in Hohenschäftlarn die olympische Flamme von 1972. Als damals das olympische Feuer im Fackellauf von Wolfratshausen über die B11 durchs Isartal nach München gebracht wurde, war der Fackelwechsel in Franz Samuels Heimatort in Hohenschäftlarn-Ebenhausen. Der Gesangsverein trat auf, der Bürgermeister war da – da achtete keiner auf den Mann, der mal kurz eine Kerze an die Flamme hielt und sie seinem Laterndl verstaute. Mit einem langen Docht im Ewig-Lichtöl brennt die Flamme elf Tage, bis sie wieder neues Öl braucht, wie man es in den Kirchen verwendet. Franz Samuel über die Flamme: „Alles nimmt ein Ende. Dann ist es vorbei. Aber ich hoffe, ich lebe noch lange. Ich

Die Fackel von 1972 – hergestellt aus Kruppstahl, in einer Schauvitrine im arthotel 17 im Helene-Mayer-Ring. Bevor das Hotel den Besitzer wechselte und zur arthotel Gruppe kam, soll die Fackel lange im Keller gelegen haben. Man besann sich der großen Geschichte des Ortes und stellte sie in einer Vitrine im Eingangsbereich aus – wo sie heute jedermann bewundern kann. Irgendwann kam in der Sendung Bares für Rares auch eine solche Fackel in den Verkauf, Waldi (gemeint ist nicht das Maskottchen, sondern der Händler…) – typisch Mann – hielt sie wie eine Keule, und wollte sie gleich nicht mehr hergeben. Denn er hielt, so meinte er, die Fackel eines Fackelträgers von 1972 in der Hand. Bis ihn der Verkäufer – geschäftsschädigend für ihn selbst – aufklärte: Die Fackeln wurden als Merchandising Produkt hergestellt, in einer Auflage von 6.000 Stück. Aus Kruppstahl. Krupp, Waffenschmied der Nazis, der auch 1972 damit warb, für die Spiele 1936 die Fackel hergestellt zu haben.

wünsche mir, dass ich 111 Jahre alt werde, weil 11 meine Lieblingszahl ist. Also da hab ich noch etliche Jahre hin."

Aber nicht nur der Mann aus Hohenschäftlarn hat sich ein Stückchen Feuer stibitzt, sondern auch viele Raucher: Es war ein Sport, sich an der olympischen Flamme seine Zigarette anzuzünden.

Feuer und Flamme

Beinahe hätte das Feuer auch die Verlobung von Karl Gustav, König von Schweden und Silvia Sommerlath, Olympiahostess, beleuchtet. Die beiden hatten sich während der Spiele kennengelernt. Die Samuels schrieben ihnen, dass sie ihnen gerne die Flamme schicken würden, unter der sie sich kenngelernt hatten. Anfänglich zeigten sich die Brautleute auch interessiert und wollten die Kerzen auf der Hochzeitstorte damit anzünden. Dann ließen sie es aber doch sein, denn das Verschicken der Flamme über die Ostsee bis nach Schweden war ihnen doch zu aufwendig.

Anders als 1936 nahmen in München 1972 auch Frauen und Behinderte am Fackellauf teil. Die Flamme wurde über den Tegernsee gerudert und kam am 25. August 1972 auf dem Münchner Königsplatz an, wo in der Mitte des Giebels der Propyläen König Otto dargestellt ist, der die ersten Olympischen Spiele der Neuzeit ausgerichtet hat.

20. Geheimnis
Helene-Mayer-Ring 4 und 14

Im Helene-Mayer-Ring 4 hat auch Alt-Oberbürgermeister Vogel im siebzehnten Stock von Ende ´72 bis ´81 gewohnt. Er war seinerzeit Bundesminister für Städtebau im Zweiten Kabinett Brandt. Als Vogel 1974 Bundesjustizminister wurde, war er stark durch Terroristen der RAF und der Bewegung 2. Juni gefährdet. Also war im Lift stets ein Polizist mit Maschinengewehr postiert. Und somit wurde auch Thomas Gottschalk, der damals im gleichen Haus im fünfzehnten Stock wohnte, einer der bestbeschützten Radiomoderatoren des Landes – was er auch weidlich für sein Renommee ausnutzte, wenn er in weiblicher Begleitung in die Wohnung hochfuhr.

Im Original erhalten wie zu Olympiazeiten ist das Foyer des Helene Mayer-Ring 14, das auch immer zugänglich ist, weil hier einige Arztpraxen sind. An der Wand haben sich die Olympiateilnehmer von 1972 per Unterschrift verewigt. Von einer interessanten drehbaren Spiegelung gegenüber ins Endlose gespiegelt. Gegenüber den Aufzügen zeigt eine blaue Tafel die Spirale und die Piktogramme der Sportarten jener Athleten, die hier im Haus untergebracht waren.

21. Geheimnis
Die schwarzen Stelen

1972 waren sie durchaus eine Sehenswürdigkeit: Die schwarzen Stelen 18 an der Ecke Helene-Mayer-Ring/Nadistraße. Man kann hier die Weltzeit ablesen, den geodätischen Punkt und seinen Gegenpunkt auf der Erdkugel. Oder die Entfernung wichtiger Städte. Weltoffenheit wollte man 1972 damit zeigen. Das System sollte Bewohnern und Gästen gleichermaßen Gesprächsstoff liefern. Was die Bewohner heute hier ablesen, sind die Nachrichten der EIG, der Einwohner-Interessengemeinschaft, und der Senioren im Olympischen Dorf. Letztere sind hier gut vernetzt und unternehmen auch viel gemeinsam.

Die Stelen waren einige Zeit noch nach den Olympischen Spielen in manch einem Reiseführer als sehenswert aufgeführt. Heute, zu Zeiten von Internet und Smartphone, muten sie etwas altmodisch an.

22. Geheimnis
Das Kirchenschiff

Schon das Symbol im Hinweisschild der Nadistraße, das nach oben zeigende Dreieck, deutet an, dass hier in der Nadistraße die Kirche im Dorf steht: Das dreischenklige Dreieck symbolisiert den Kosmos, in dessen Mittelpunkt das allwissende Auge Gottes liegt.

Manch einer schmunzelt, wenn er hört, dass das hier eine „Dorfkirche" 19 sein soll. Denn wer sieht sie nicht vor sich, die zwiebeltürmigen Barockkirchlein Oberbayerns?! Doch 1972 begann man ganz von vorne, legte alles Alte beiseite und so auch die Idee der prächtigen, der hübschen, der sich erhebenden Kirche. Mitten im Dorf sollte sie sich nicht über das Volk erheben, und auch nicht ihr Kirchturm, den diese Kirche nicht hat.

Geht man in die Kirche, dann ist sie auf den ersten Blick, nun ja, gewöhnungsbedürftig. Vor allem wegen der eigenartigen Deckenkonstruktion, die sehr an eine Manege erinnert. Und das war auch so gewollt! Die ökumenische Kirche, ein Novum zur dama-

Vor der Kirche stehen auf Quadraten (Symbol für die Erde und die vier Himmelsrichtungen) zehn Pflanzkübel, die die Zehn Gebote versinnbildlichen sollen. Die drei linken Kübel, etwas getrennt von den anderen, vertreten die ersten drei Gebote, die das Verhältnis der Menschen zu Gott regeln, die sieben anderen Gefäße stehen für die weiteren sieben Gebote, die das Verhältnis der Menschen untereinander bestimmen sollen.

Auf dem Dach und über dem Seiteneingang ragt das gleichschenklige Kreuz auf. Das griechische oder gemeine Kreuz hat vier gleich lange Seiten, die im rechten Winkel zueinander stehen. Eine Kreuzform, die auch bei Sühnezeichen verwendet wurde. Sühne – auch hier wieder der Bezug zu 1936!

ligen Zeit, wird nur von zwölf Pfeilern getragen, die die 12 Apostel symbolisieren. Sechs Pfeiler außen jeweils an einer Wand, sonst gibt es keine tragenden Wände. Innen Bullaugen als Fenster und langsam dämmert es einem: Wird hier nicht auf das Kirchenschiff angespielt? Also auf das Schiff, in dem Menschen geborgen durch die Weite des Ozeans fahren, mit Blick nach außen durch Bullaugen, innen aber geschützt. Unterstützt wird dieser Ge-

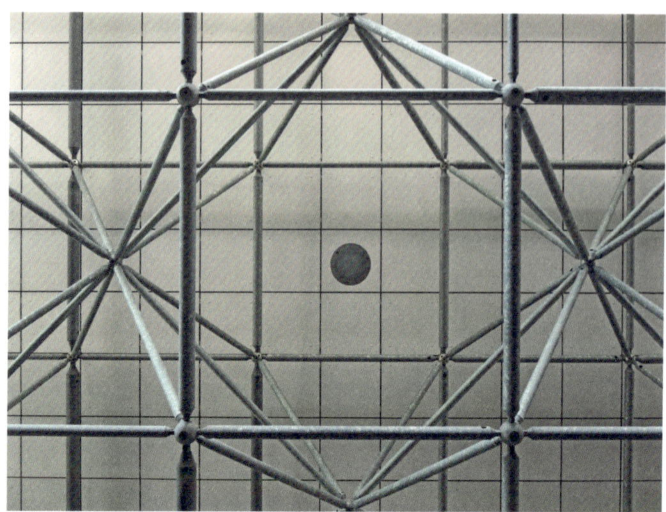

Das Dach scheint auf den ersten Blick etwas befremdlich, weil diese Technik im Tribünenbau verwendet wird, erst auf den zweiten oder dritten Blick erkennt man, was es symbolisiert: Das Kreuzkuppeldach eines gotischen Münsters. Und schaut man nach oben auf die Lampe, sieht man einen schwarzen Punkt, der hier den Schlussstein einer Kreuzkuppel symbolisiert.

Die Katholische und die evangelische Kirche unter einem Dach, Ökumene (von „oikumene" und somit „die ganze bewohnte Erde", sprich: Menschen aller Glaubensrichtungen), war 1972 bayernweit ein Novum.

danke noch durch die Schiffschraube, die man außen oberhalb des Eingangs im Helene-Mayer-Ring sieht. Und so erklärt sich auch die eigenartige Deckenkonstruktion, sie erinnert verblüffend an ein Kreuzrippengewölbe einer gotischen Kathedrale, die ja wiederum als Schiff gebaut war. Doch in der Gotik wollte man hoch hinaus, hoch zum Himmel. Nach dem Zweiten Vatikanischen Konzil vom 11. Oktober 1962 bis zum 8. Dezember 1965 aber zählte nicht die Höhe, sondern die irdische Präsenz. Wie seinerzeit, als die himmelstürmenden Bauten der Gotik den flachen, der Erde zugeneigten Gebäuden der Renaissance wichen. Blickten im Kirchenschiff der Gotik noch alle nach vorne, sind die

Stühle in der Kirche im Olympischen Dorf halbkreisförmig angeordnet, es ging um die Gemeinde.

In der evangelischen Kirche steht der Lebensbaum hinter dem Altar für Frieden, Segen und Liebe. Er wächst und gedeiht mit den einzelnen Lebensabschnitten Geburt, Leben, Tod und Wiedergeburt.

Statt Fenster hat die Kirche Bullaugen wie ein Schiff und außen auf der dem Helene-Mayer-Ring zugewandten Seite ein Kreuz in Form eines Schaufelrades. Auch hier ein Hinweis auf das KirchenSCHIFF!

Links: In der katholischen Kirche steht nur eine einzige Heiligenfigur, eine Patrona Bavariae (mit ihr wird die Gottesmutter Maria als Schutzheilige Bayerns verehrt). Sie wurde von einem unbekannten Künstler geschaffen. Bewusst wurde keine katholische Heilige gewählt, sondern Maria, die auch von den Protestanten verehrt wird. Und kein bekannter Künstler, man wollte ja keinen Ballast der Geschichte.
Rechts: Durch das Glas neben der Tür des katholischen Kirchenteils kann man auf die Gedenktafel für Pfarrer Karlheinz Summerer schauen, ohne in die Kirche eintreten zu müssen. Pfarrer Summerer hatte als Student in Freising einen jungen Professor für Dogmatik und Fundamentaltheologie namens Joseph Ratzinger kennengelernt. Am 24. Februar 1972 zog er im Pfarrheim im Olympischen Dorf ein und war somit der allererste Bewohner des Dorfs.

23. Geheimnis

Nedo Nadi – ein einzigartiger Fechter

Der Italiener Nedo Nadi (* 9. Juni 1894 in Livorno; † 29. Januar 1940 in Rom) – der Namensgeber der Nadistraße und des Nadisees – war ein Säbel- und Florettfechter, der das männliche Pendant zu Helene Mayer war und schon mit 18 Jahren den Olympiasieg im Florettfechten errang. Während des Ersten Weltkriegs hatte er sich als Soldat mit einem österreichischen Gefangenen angefreundet, als er erfahren hatte, dass dieser ein guter Fechter war. 1940 beging er aus nie wirklich geklärten Gründen Suizid.

Vor der Schule und dem Forum 2 ragt die „Silbersäule" 20 von Roland Martin in den weiß-blauen Himmel, der sich mitsamt der Umgebung in der Säule spiegeln sollte. Ihr Aluminium ist aber mittlerweile ein wenig stumpf geworden. Die ursprünglich motorbewegte Skulptur kann heute nur noch per Hand bewegt werden, aber ein Stück Kinetik ist sie noch heute. Kinetik (altgriechisch kínesis „Bewegung") steht für die Bewegung von Körpern mitsamt den einwirkenden Kräften.

Bis heute ist ungeklärt, wer die Statue der Liebenden 22 in der Nadistraße bei den Hausnummern 22–24 aufgestellt hat.

Linke Seite: Am engen Durchgang 21 von der Connollystraße Nr. 12 zum Nadisee sieht man auf der einen Seite des Durchgangs Comicfiguren, eine Meerjungfrau, Muscheln und Masken. Eine sehr geheimnisvolle, faszinierende Arbeit. Gerüchteweise sollen es Pädagogen von der nahen Schule gewesen sein, die hier mit ihren Schülern künstlerisch zugange waren.

Ein oft fotografiertes Motiv im Olympiadorf ist die Silbersäule in der Nadistraße. Sie stellt das quadratische Pendant zu den Olympischen Ringen in der Connollystraße dar (siehe Seite 79). Die Silbersäule besteht aus quadratischen Aluminiumplatten, die Olympischen Ringe – wie der Name schon sagt – im Gegensatz dazu aus runden Ringen. Beide Kunstwerke waren ursprünglich motorbewegt und können heute nur noch von Hand bewegt werden.

24. Geheimnis

Nach oben fließendes Wasser

Merkt das denn keiner? Das Olympiadorf und das Olympiagelände sind wie die zwei Flügel eines Schmetterlings, wobei der Leib des Schmetterlings der Mittlere Ring ist. Im Park verläuft der Nymphenburg-Biedersteiner-Kanal, und der stammt aus der Barockzeit. Er mündet in den Olympiasee, der seinerseits unterhalb des Olympiabergs liegt. Und was liegt auf der anderen Seite, im Olympischen Dorf? Genau! Ein schnurgerader Kanal grad

Neben dem Kanal gibt es einen Brunnen 23, im Barock rund, im Olympiadorf eckig, mit einer nach oben schießenden Wasserfontäne, dem chandelier, der Verbindung zwischen Himmel und Erde.

so wie der Nymphenburg-Biedersteiner-Kanal. Und genau wie dieser bildet er einen kleinen See 24, der von kleinen Hügeln umgeben ist. Und schaut man sich das Ganze mal genau an, dann erkennt man vor dem Kanal einen grünen Rasen, einen tapis vert, wie es ihn in der Barockzeit gab und heute noch bei Schloss Herrenchiemsee, von dem aus auch ein Kanal in einen See mündet.

Zwischen dem „Kanal“ und dem See breitet ein Götterbaum seine schattigen Äste aus – der Götterbaum war in barocken Parks sehr beliebt und gilt zudem als Symbol des Friedens. Vom Brückchen zwischen See und Kanal folgt man einem sich schneckenförmig nach oben windenden Weg, der rund um eine „Weltkugel“ führt. Schneckenförmige Spiralen waren ein beliebtes Gestaltungselement im Barock, der Mensch ging zu sich nach oben, in sich, und dann wieder hinunter, aus sich, in die Welt hinein.

Auf dem tapis vert, dem grünen Teppich, forderten Schilder die Gäste geradezu auf, den Rasen zu betreten. Nicht selbstverständlich damals, denn noch immer schwang in den Menschen das Verbot mit, dass sie einen Rasen nicht betreten dürfen. Nachhall aus dem Barock, als am Hofe des Sonnenkönigs jeder seinen Platz hatte, und lässiges Flanieren auf dem Rasen verpönt war.

Für die Olympischen Spiele 1972 ließen die Gärtner 36.000 Kilogramm Grassamen (70 Prozent „Poa Pratense merion“, je 15 Prozent „Cynosurus Christatus Credo“ und „Phleon Nodosum“) auf das Oberwiesenfeld streuen und mit einem haarsprayähnlichen Produkt besprühen. Samen und Deckschicht sollten so nicht vom Wind überweht werden.

25. Geheimnis

Josef Straßberger – Doping auf oberbayrisch

„Straße", wie Josef Straßberger genannt wurde, stammte aus Kolbermoor und zählte zu den populärsten Gewichthebern seiner Zeit. Schon als 16-jähriger trug er in einem Wettlauf zwei Zentner schwere Mehlsäcke auf dem Rücken. 1928 holte er dann bei den Olympischen Spielen in Amsterdam olympisches Gold – er hatte 372,5 Kilo gestemmt! Seine Dopingmittel waren legendär: Selbst gemachte Fleischsuppe, Rühreier mit Zucker und einem Schuss Cognac, und Knödel, Knödel, und nochmals Knödel. 1945 wurde Straßbergers Gaststätte, das Hotel „Münchner Hof" ausgebombt, alle seine Medaillen gingen verloren. Drei Tage lang suchte der bayerische Herkules in den Trümmern und hat sie doch nie gefunden. Und so ruht die Medaille vielleicht noch heute im Olympiaberg, aufgeschüttet aus den Trümmern des Zweiten Weltkrieg …

Allein schon die Geschichte des ersten bayerischen Olympiasiegers Josef Straßberger wäre es wert, endlich verfilmt zu werden. Sein Enkel Andreas Lechner hat ja zuletzt einen großartigen Roman über das außergewöhnliche Leben dieses Gewichthebers verfasst („Heimatgold", Volk Verlag), das voller Opulenz, Glück und Tragik war und in dieser Dichte heute nicht mehr möglich ist.

Süddeutsche Zeitung, 10. Dezember 2021

26. Geheimnis

Entlang der Straßbergerstraße – die Straße der Symbole

Wir sind hier in der Straßbergerstraße in der Straße der Symbole, sprich: Hier hat alles eine Bedeutung. So wie Richard Nixons Besuch der Volksrepublik China im Jahre 1972, der ein bedeutender Schritt zur Verbesserung der diplomatischen Beziehungen zwischen den Vereinigten Staaten und der Volksrepublik China war. Nixon war der erste Präsident der USA, der die Volksrepublik seit deren Gründung im Jahr 1949 besuchte, obwohl diese die Vereinigten Staaten als einen ihrer erbittertsten Gegner ansah. Und es war die Zeit, als sich ein Fußballer wie Paul Breitner stolz vor einem Mao-Poster mit der Peking-Rundschau in der Hand porträtieren ließ. Wer auf sich hielt, war links und war für Mao. Aus der Zeit stammt auch der Name „Rote Stadt" 25 für die kleinen Kaufmannsläden aus roten Ziegelsteinmauern mit Betonplatten darauf – hier konnten die Kinder während der Spiele „Laden" spielen. Von dem roten Mauerwerk ist heute jedoch nicht mehr viel zu sehen, Graffitis bedecken nun die meis-

Ein bisschen verloren stehen sie da: die zwei Schachgruppen 26 in der Straßbergerstraße. Und sind ein bisschen merkwürdig anzusehen, bis man versteht: Das sind zwei Swastiken. Also das ursprüngliche Symbol, das von Hitler so furchtbar umgedeutet und umgedreht wurde und das er in der falschen Richtung verwendete. Mit Symbolen soll man eben nicht spielen. Eigentlich ist die Swastika eine äußerst positive Botschaft. Sie stammt von dem Sanskritwort svasti („wohl-") ab und besteht aus vier gleichseitigen Haken, die sich um eine Mitte drehen. Dreht sie sich im Uhrzeigersinn, dann steht sie für die Kraft der Sonne und das Männliche, gegen den Uhrzeigersinn steht sie für den Tod und das Weibliche.

Nanu, ist das nicht ein Labyrinth hier auf dem Boden der Straßbergerstraße?

Auch die so fotogenen Treppen im Olympischen Dorf sind nicht nur nützlich, sie sind auch ein Symbol: Treppen stehen für den Übergang von einer Ebene zur anderen; den Aufstieg und den Zugang zum Transzendenten. Wunderbar beschrieben von Hermann Hesse in seinem Gedicht „Stufen“: Das Leben als eine Treppe, die Stufe um Stufe erklommen werden muss, als viele Abschiede, die Veränderung, Erneuerung und Wandlung mit sich bringen. Blickt man von der Straßbergerstraße hinunter auf diese Wendeltreppe, dann sieht man orangefarbene Spiralen, blickt man von unten nach oben auf die Treppe, dann sieht man einen hellen Kreis. Man muss eben alles von zwei Seiten betrachten.

ten Oberflächen. Lange, lange, bevor die Graffitis als Straßenkunst etabliert wurden, waren in der „Roten Stadt" zwischen der Nadistraße und der Straßbergerstraße Graffitis geduldet, wenn nicht gar gewünscht. Die Street-Art hatte in München (nicht in Berlin!) begonnen, als 1985 sieben Jugendliche München zur Hauptstadt der Straßenkunst machten, indem sie in einer Nacht- und Nebelaktion eine S-Bahn am Bahnhof Geltendorf von oben und unten und hinten und vorne mit Graffitis besprüht hatten.

Den Spaziergang entlang der Straßbergerstraße sollte man ab der U-Bahn-Station Oberwiesenfeld beginnen. Denn dort unten in der Station findet man schon das erste Symbol: eine Anamorphose. Als eine Anamorphose bezeichnet man seit 1657 Bilder, die nur unter einem bestimmten Blickwinkel bzw. mittels eines speziellen Spiegels oder Prismensystems zu erkennen sind.

Das Symbol und die Farbe der Straßbergerstraße stehen für „Technik", weil sich am Ende der Straße die Haustechnik befindet. Wer genau hinschaut, erkennt in der Pflasterung der Straße einen elektrischen Schaltplan.

Ach Du lieber Denkmalschutz

Es ist nicht jedermanns oder jederfraus Sache, was der Denkmalschutz für das Olympische Dorf vorsieht: Die ursprüngliche Farbgebung, wie man sie in der Straßbergerstraße 47 sieht. Dort ist die Vorderfront in schokoladenbraun und maisgelb gestrichen. Das heißt, alle Fassaden und Fensterrahmen sind so zu streichen, wie in der Entstehungszeit. Zum Beispiel in der Nadistraße in einem dunklen Tannengrün. Und da geht dann der Ärger los: Auf meinem Balkon eine tannengrüne Umrahmung? Nein, das geht nicht. Nach den Spielen wurden die Wohnungen im Dorf so umgebaut, wie sich die Bewohner das vorstellten. Was durchaus der ursprünglichen Planung entsprach, denn 1972 wurden bis zu 7,80 Meter frei gespannte Stahlbetondecken eingebaut. Auf Denkmalschutzdeutsch dürfen Außenbau und inneres Erschließungssystem nicht verändert werden, der Innenraum aber schon.

Der achtzackige Stern, den man als Mosaik vor der Straßbergerstraße 12 findet, ist ein Symbol, das in vielen verschiedenen Kulturen zu finden ist. Es wurde von den Babyloniern, Christen, Ägyptern, Agnostikern, Hindus und Buddhisten gleichermaßen benutzt. Es ist auf Nationalflaggen und in der religiösen Ikonographie zu sehen. Deses Symbol steht für kosmisches Gleichgewicht, Schöpfung und Ewigkeit, Harmonie zwischen Geist und Materie. Ein achtzackiger Stern entsteht, indem zwei Vierecke kombiniert werden, die um 45 Grad gegeneinander gedreht sind.

27. Geheimnis

Typische Architektur der 1960er Jahre …

Am Willi-Daume-Platz zwischen dem Ostende des Olympiasees und dem Petuelring liegt die allererste Sporthalle der Olympischen Spiele, die noch vor allen anderen Stätten im Olympiapark entstanden ist. Das Eisstadion 50 wurde bereits 1967 eröffnet, noch bevor die Bauarbeiten für die Olympischen Sommerspiele 1972 überhaupt begannen, zu einer Zeit, als am Flugplatz Oberwiesenfeld noch Sportflieger starteten und landeten. Hier fanden 1972 die olympischen Boxkämpfe statt.

Das Eisstadion ist architektonisch ein typischer Vertreter seiner Zeit mit seinen vorgefertigten eckigen Fassadenmodulen.

... und der 1970er Jahre

Das Gebäude an der Straßbergerstraße 9 ist ein typisches Gebäude der 1970er Jahre. Kaum eine Architekturphase der neueren Zeit lässt sich so gut bestimmen wie diese. Die Rationalität und Strenge des vorherigen Jahrzehnts wurde nun gerundet und weich gezeichnet.

Kaum eine Architekturphase der neueren Zeit lässt sich so gut bestimmen wie die 1970er Jahre. Die Rationalität und Strenge des vorherigen Jahrzehnts wurde nun gerundet und weich gezeichnet

In nächster Zeit soll die Farbigkeit der Häuser von 1972 wie hier in der Straßbergerstraße wieder hergestellt werden.

28. Geheimnis

James Connolly – erster Olympiasieger der Neuzeit

Sein Leben wurde verfilmt, Schulen, ein Park, Straßen und ein Sportstadion nach ihm benannt. James Connolly hatte an der Harvard University studiert, von der er keine Erlaubnis bekommen hatte, zu den Olympischen Spielen 1896 nach Athen zu reisen. Er wollte aber teilnehmen, unbedingt, und so ließ er sich kurzerhand exmatrikulieren und trat dem exklusiven Suffolk Athletics Club in Boston bei. Nur die konnten bei einem Barvermögen von 250 Dollar die erforderlichen 325 Dollar auch nicht aufbringen. Hilfe kam in Form zweier sportbegeisterter Priester der St. Augustine´s Church, die einen Kuchenverkauf organisierten. Der brachte stolze 90 Dollar ein und so hatten die Kuchen letztendlich Connolly zum Olympiasieg verholfen. In der Connollystr. Nr. 31 fand das Attentat statt. Heute bringt die Max-Planck-Gesellschaft hier ihre Gäste unter. Connolly selbst wurde nach seiner Sportlergeschichte Journalist und machte sich als Autor von Seemannsgeschichten einen Namen.

Yossef Gutfreunds Schlüssel zum Apartment Nr. 1 in der Connollystr. 31.

Bis zu seinem Tod konnte sich der israelische Fechter Dan Alon nicht erklären, warum er sich damals, als die Mannschaft ihr Quartier in der Connollystr. 31 bezog, für Zimmer 2 entschieden hatte. Er wollte nur ins Zimmer 2. Er und seine fünf Kollegen im Sechsbettzimmer Nr. 2 überlebten das Attentat. In Zimmer Nr. 1 waren die Attentäter als erstes eingedrungen, dann in die 3. Warum sie nicht in Zimmer 2 gingen, liegt laut Dan Alon vielleicht daran, dass sie Andre Spitzer geschickt in die 3 lotsten, weil dort die kräftigen Gewichtheber logierten. Die Rechnung, diese könnten die Attentäter überwältigen, ging allerdings nicht auf.

29. Geheimnis
Die olympischen Ringe

Man findet die fünf olympischen Ringe als Kunstwerk gleich zweimal im Dorf: Zum einen in der Connollystraße 27 und auf dem Spielplatz am Ende der Straßbergerstraße 28. Das Kunstwerk in der Connollystraße von Ruth Kiener-Flamm bestand ursprünglich aus Acrylglas, dem Material der 1970er Jahre. Die Ringe mit einem Durchmesser von 1,50 bis zu 4 m lagerten auf einer vertikalen Achse aus Nirostastahl und drehten sich in unterschiedlichen Geschwindigkeiten motorengetrieben um die eigene Achse. Sowas faszinierte die Kinder und sie kletterten darauf herum mit dem Ergebnis, dass die Skulptur beschädigt und Ende der 1970er Jahre abgestellt wurde. Reparaturen waren nicht möglich. Auf Initiative der Künstlerin wurde im Jahr 2000 die Skulptur vom Bildhauer Peter Schwenk aus leichten Alu-Hohlprofilen ohne Motorantrieb zum Selbstanschieben nachempfunden.

Die olympischen Ringe findet man nicht nur in Form des Kunstwerks von Ruth Kiener-Flamm in der Connollystraße, sondern auch auf dem Spielplatz am Ende der Straßbergerstraße.

Die deutsche Künstlerin und Halbjüdin Ruth Kiener-Flamm wurde in der Zeit des Nationalsozialismus staatenlos und erhielt einen Fremdenpass. Kiener-Flamm war mit dem Jesuiten Alfred Delp befreundet, der 1945 von den Nazis ermordet wurde und zu dessen Ehren ein Denkmal am Bogenhausener Friedhof errichtet wurde.

Die olympischen Ringe – Ursprung der Schöpfung

So steht es in Kinderbüchern, so haben wir es in der Schule gelernt: Die Farben der olympischen Ringe sind bestimmten Kontinenten zugeordnet. Also der schwarze Ring für Afrika („Neger“!), der rote Ring für Amerika („Rothäute“!), der gelbe für Asien („Schlitzaugen“, „gelbe Gefahr“!), der grüne für Australien (wurde erst 1770 entdeckt, also zu spät, um irgendwelche Vorurteile zu entwickeln), und der blaue für Europa (blauäugig, Blaublüter!). Bis 1951 wurden die Farben im offiziellen Handbuch der Olympischen Spiele so erklärt. Doch als Pierre de Coubertin die Ringe erfunden hatte, hatte er tatsächlich die Farben gar nicht bestimmten Kontinenten zugeordnet. Es ging vielmehr um die Nationalflaggen. Jede Nationalflagge sollte in den Farben der Ringe auftauchen. Also gelb, rot und schwarz für Deutschland und für die Flaggen dieser Farben, die brasilianische Flagge in den Farben Gold, Grün und Blau eben in den entsprechenden Ringen. Und wenn eine Flagge weiß enthält, wie etwa die japanische oder die amerikanische, dann findet sich das Weiß in der Hintergrundfarbe der Ringe, die ist nämlich weiß. Diese aus heutiger Sicht rassistische Idee mit den Kontinenten wurde vom Olympischen Komitee 1951 wieder aus dem Handbuch gestrichen.

Wie alle großen Symbole hat auch das Symbol der olympischen Ringe eine große Geschichte. Es geht auf die Blume des Lebens zurück, die man in vielen Kulturen wie Indien und in Mitteleuropa findet. Diese geometrische Figur gilt als Grundlage allen Seins, als Ursprung der Schöpfung, Energiesymbol, schlichtweg: Als „Heilige Geometrie“, symbolische Darstellung für kosmische Ordnung und das wiederkehrende Leben. Das aus 19 Kreisen gebildete Symbol der Blume des Lebens ist in zahlreichen Kulturkreisen auf der ganzen Welt als Energiesymbol bekannt und wird bis heute als schützendes Zeichen verwendet. In ihr sind mathematische und universelle Gesetzmäßigkeiten nachweisbar wie der Satz des Pythagoras, der Lebensbaum, die Kabbalah, die Quadratur des Kreises oder die Merkaba.

30. Geheimnis

Die Schifffahrt in der Architektur

So heißt ein Standardwerk des berühmten Architekten Le Corbusier. Er war einer der Ersten, die Beton in der Architektur verwendet haben. Le Corbusier schuf ein Wohngebäude in Form eines Schiffes, die legendäre Cité Radieuse in Marseille. Ein Kreuzfahrtschiff soll es sein und Schiffe ankern auch im Olympischen Dorf.

Manche sehen es gleich, andere nur mit einiger Mühe, nachdem man sie darauf hingewiesen hat: Die Kreuzfahrtschiffe und die Lastenkähne im Olympischen Dorf. Denn die Bauten im olympischen Männerdorf sind keine Bauten, sondern sollen Schiffe darstellen, die hier vor Anker gegangen sind. Die Hochhäuser mit ihren gestaffelten, der Sonne zugewandten Terrassenbalkonen sind die Kreuzfahrtschiffe, die Flachbauten die Lastenkähne. Schon manch einer hat sich über die Geländer auf den Flachbauten gewundert, da diese keinem Zweck dienen, weil die Dächer nicht als Sitzfläche vorgesehen waren. Nun schaue man sich die Kreuzfahrtschiffe nach einem Blick in das Standardwerk von Gerd Kähler „Das Dampfermotiv in der Baukunst" an: „Der Aufriss eines Passagierdampfers ist gekennzeichnet durch die große Länge im Vergleich zur Höhe, die durch verschiedene horizontale, bandartig wirkende Elemente die übereinander liegenden Decks, die Fensterbände, die horizontalen Relingstäbe betont wird. Diese horizontal geschichtete Form wird durch wenige horizontale Elemente akzentuiert: Schornsteine, Masten. Besonders charakteristisch in der Seitenansicht ist die Staffelung der Decks zum Heck, die aus der windgeschützten, weil dem Fahrtwind abgewandten, jedoch der Sonne offenliegenden Lage resultiert; entsprechend befinden sich hier meist die Freiluft-Angebote zur Unterhaltung der Passagiere. Dann noch der weiße Anstrich der Dampfer: Weiß entsprach dem gewollten Eindruck von Klarheit, Sachlichkeit und Rationalität". Könnten mit diesen Zeilen nicht die Häuser des Olympia-Männerdorfs beschrieben sein?

Besonders gut erkennt man die vor Anker liegenden Schiffe vom Werner-Seelenbinder-Weg aus auf dem Weg zum ehemaligen S-Bahnhof.

Nach den Wohnbauten, die nach dem Zweiten Weltkrieg schnell hochgezogen wurden, meist ohne Balkon und ohne Sonnenlicht, zumindest für die Ärmeren, war diese Bauform eine hochdemokratische, bei der jeder, ob arm oder reich, den gleichen Anteil vom Sonnenlicht bekam. Die hängenden Terrassen sollten den Bewohnern ein Höchstmaß an Himmel und Privatheit bieten, denn von keiner der Balkonterrassen kann man auf die der Nachbarn blicken, weder auf die seitlichen noch auf die unteren.

Es war gar nicht der graue Baustoff und die „spektakuläre Agglomeration von kulissenhaften Wohnverhältnissen" – wie damals die „Bauwelt" schrieb – was jahrelang den Verkauf der Wohnungen behindert hat, sondern die Hochzinswelle nach der olympischen Zeit von München. Dagegen half auch nicht, dass der Hausmeister durch die leer stehenden Wohnungen ging und das Licht anmachte. Dagegen halfen nur Preisnachlässe und die Nachweislichkeit städtischen Wohlbefindens unter den ersten Bewohnern. Und dann ging es ruck zuck mit dem Verkauf, besonders Architekten sicherten sich gerne eine der Wohnungen, weil sie sich vorstellen konnten, wie das Dorf aussehen würde, wenn es erst einmal dicht begrünt wäre.

31. Geheimnis
Spitzdach versus Flachdach, Tuffstein versus Beton

Die Nationalsozialisten hatten für 1.000 Jahre gebaut. Hielt ja nicht so lang, wie man weiß. Den Anspruch für die Ewigkeit zu bauen, hatte nach dem Krieg keiner mehr. War ja alles kaputt und die tausend Jahre haben sich ja auch als Irrtum erwiesen. Die Nazis hatten Tuffstein verwendet, einen harten rauen Stein, den man behauen muss, damit er in Form kommt und mit den anderen behauenen Steinen harmoniert. Tuffstein galt 1972 als Werkstoff der Vergangenheit.

Beton war der Baustoff der Zukunft. Man kann ihn gießen und in Form bringen und doch weiß man nie so genau, wie er wirklich reagiert. Sagen Experten. Einen kleinen Anspruch für die Ewigkeit hatte man aber dann doch, so ganz klammheimlich. Denn

Die Bauten von Le Corbusier, in deren Sinn die Hochhäuser im Olympischen Dorf gebaut sind, wurden auch „Wohnmaschinen" genannt. Diesem neuen Geist im von Maschinen vorgegebenen Takt entsprechen auch die Bürk-Uhren, die in jeder Straße im Olydorf aufgestellt sind. Sie werden von einer „Mutteruhr" getaktet, auf dass sie alle die gleiche Zeit anzeigen.

während das „tausendjährige Reich" unterging, stehen die Betonbauten der Antike immer noch. Zum Beispiel das Pantheon in Rom. Gebaut aus Beton, einem besseren, als man heute kennt, nicht roh belassen, sondern bunt bemalt. Nach dem Zweiten Weltkrieg wollte man nichts mehr beschönigen, bemalen oder kaschieren.

Weiße Häuser und flache Dächer wie in der Weißenhofsiedlung in Stuttgart und 1972 im Olympischen Dorf wurden während der Naziherrschaft als Arabersiedlung diffamiert. Das Dach der braunen Regierung war das „urdeutsche" Satteldach und wurde als Propagandainstrument einer Blut-und-Boden-Ideologie vereinnahmt. Das Flachdach war also eine hochpolitische Angelegenheit und so war klar, welches Dach das Olympiadorf anno 1972 bekam: Ein Flachdach. Ein Dach, bei dessen Konstruktion man keinen Zimmermann und auch keinen Dachdecker mehr braucht. Aber auch ein Dach, bei dem man Jahre später so manch einen Handwerker braucht, wenn es durchtropft …

32. Geheimnis

Rohre zu Brunnen – Upcycling im Olympiadorf

Beim Upcycling (englisch *up* „nach oben" und *recycling* „Wiederverwertung") werden Abfallprodukte in neuwertige Produkte umgewandelt. Also auch was das Verwerten und Aufarbeiten von Müll anbetrifft, hatte man 1972 die Nase ganz vorne. Denn die Baumaterialien, die da so rumlagen, besonders Rohre, wurden zu Brunnen, die auch oder hauptsächlich als Spielorte dienten. Sage und schreibe 50 Spielplätze gibt es im Olympischen Dorf. Fünfzig! Neben den Brunnen gibt es aufgestellte Baumstämme, die Weltkugeln, die Bachläufe, die Rote und die Weiße Stadt, Sandkästen, und und und …

1972 hatte man in München die Nase ganz vorne, was das Verwerten und Aufarbeiten von Müll betrifft, denn insbesondere die Rohre wurden zu Brunnen umfunktioniert, die seither vielen Kindern als Spielplätze dienten.

Kenner des Dorfs, so die Geistlichen beider Konfessionen, besinnen sich mühelos auf mancherlei Eigenheiten, die, neben einer nachweisbar nützlichen Streitlust, an Bewohnern des Olympiadorfs bemerkenswert sind: Ein überdurchschnittlicher IQ, das Übergewicht des Schriftdeutschen gegenüber jeglicher Mundart, die Fähigkeit zu nachbarlicher Solidarität und Selbsthilfe, ja zu kampflosem Rollentausch zwischen Frau und Mann.

„Wie ein Magnet hat die Architektur eine ziemlich homogene Bewohnerschaft angezogen. Zu 70 Prozent sind es junge, vorwiegend höher geschulte Ehepaare mit noch bescheidenem Einkommen. Es überwiegen die Frauen mit dem ausgesprochenen Vorsatz, sich Mutterschaft, nicht aber die damit bislang verbundene Ablösung von beruflichen wie gesellschaftlichen Aktivitäten zu leisten."
Der SPIEGEL

33. Geheimnis
Wand ohne Farbe – Licht, Luft und Sonne

Wissenschaftler wissen es: Der Mensch ist ein Gewohnheitstier. Das spart ihm Zeit und Energie. Auch in großen Zusammenhängen gilt das. Wir handeln nach Erfahrungen aus der Geschichte, ohne zu hinterfragen, ob sie im Augenblick noch relevant sind. So ist es auch mit den weißen Wänden in den Wohnungen. Robert Musil ließ in seinem Mann ohne Eigenschaften darüber witzeln, dass der Mensch in einer Klinik geboren werde, einer solchen auch die Erde wieder verlasse und dazwischen auch in der Klinik wohne. Weiße Wände und vernickelte Armaturen wirken hygienisch, Licht, Luft und Sonne, die durch große Fenster kommen, sind in der Zeit zwischen der Entdeckung der fatalen Bakterien und der rettenden Antibiotika in der Architektur wichtig geworden. Also nach Tuberkulose und der Spanischen Grippe, die alle beide mehr Menschenleben dahinrafften als alle Kämpfe des Ersten Weltkriegs zusammen.

34. Geheimnis
Ich glaub, ich seh ein U-Boot

Während des Zweiten Weltkriegs war Günter Behnisch, der Architekt der Wettkampfstätten von Olympia 1972, U-Boot-Kommandant (U 2337) und geriet in britische Kriegsgefangenschaft. Man kann es sich vorstellen, dass so etwas prägend für ein ganzes Leben und für die künstlerische Sprache eines Architekten ist.

Was auffällt: auch die Studenten scheinen von den U-Booten inspiriert zu sein, denn einige haben an ihre Häuschen U-Boote gemalt. Der Psychologe Erwin Ringel, der selbst als Medizinstudent die ärztliche Versorgung der versteckt lebenden Lilli Wolf übernommen hatte, analysierte nach 1945 den psychischen Zustand der U-Boote: „Psychisch gesehen bedeutete ein U-Boot-

Die eigenartigsten Wassergefährte liegen aber auf dem ehemaligen Coubertinplatz (heute Hans-Jochen-Vogel-Platz) vor dem Stadion. Die Kassenhäuschen 59, unbeachtet, leer und eine Zeitinsel aus 1972. Von eigenartiger Form. Wer genau hinschaut, erkennt sie als U-Boote. Hier kaufte man sein Ticket und tauchte dann tief ein in die Welt des Sports im Stadion.

Leben Zittern und Bangen. Diese Leute hatten alle ungeheure Angstpotentiale, sie waren voll Misstrauen und Unsicherheit – und von paranoider Reaktionsbereitschaft. Ich glaube schon, dass das ein unbeschreiblich zurücklassender Eindruck ist, den man sein ganzes Leben lang nicht abschütteln kann."

In der Schwimmhalle steigen die Sitzreihen an, gekrönt von einem Glashäuschen. Von weitem als U-Boot erkennbar!

U-Boot-Motiv im Studentendorf 29

Der Ausstellungspavillon 55 neben der Schwimmhalle gilt als Münchens kleinstes Museum.

35. Geheimnis

„Fürchte die Danaer, auch Geschenke bringende!" – der Tiger Tuah

Es begab sich im Februar 1972, dass bei der Deutschen Botschaft ein Brief aus Malaysia ankam, in dem der Tiger Tuah als Gastgeschenk angekündigt wurde. Tuah für Glück, denn der Tiger wäre das Symbol der malaysischen Fußballmannschaft und ein solches wollten sie der Stadt München zukommen lassen. Große diplomatische Verhandlungen begannen und auch die Frage seitens der Münchner an die Malaysier, ob sie denn, wenn es dann so weit wäre, ein Tigerweibchen günstig dazu bekommen würden. Malaysia sagte zu. Am 27. August 1972 war es so weit, Tuah traf mitsamt seinem Wärter in München Riem ein. Selbstverständlich war die Aufregung groß, selbst die beiden Bürgermeister Hans-Jochen Vogel und Georg Kronawitter waren zugegen. Leider hat sich bei genauerer Begutachtung des Tigers erwiesen, dass er extrem gehbehindert war und zudem mit ansteckenden Würmern befallen. Die Malaysier waren in der Causa Tiger von nun an nicht mehr zu erreichen und der arme Tuah musste eingeschläfert werden.

Übrigens: Ein Danaergeschenk ist ein Geschenk, das sich für den Empfänger als unheilvoll und schadenstiftend erweisen soll. Der Begriff stammt aus der griechischen Mythologie und bezieht sich auf das „Souvenir" der „Danaer"(bei Homer eine Bezeichnung für die Hellenen) in Troja: Das hölzerne Trojanische Pferd, in dessen Inneren sich das Böse verbarg.

36. Geheimnis

Und es ist doch verbreitet! Das Esperanto!

Die Geschichte von Anfang an: Nach dem Zweiten Weltkrieg wurde verstärkt nach einer gemeinsamen Sprache gesucht. Uli Ender, der Vorsitzende der Münchner Esperanto-Gruppe erklärt: „Esperanto ist eine Sprache wie aus einem Baukasten, denn man setzt Wörter meist aus verschiedenen Bestandteilen zusammen. Esperanto ist eine Plansprache, die sich von natürlichen Sprachen dadurch unterscheidet, dass sie sich nicht von selbst gebildet hat, sondern nach einem gewissen Schema gebildet wurde. Es geht darum, ein universelles, kulturneutrales Kommunikationsmittel zu schaffen."

Heute selbstverständlich, 1972 ein Novum: die Piktogramme, also meist auf Hinweisschildern verwendete stilisierte Darstellungen von einer bestimmten Information. Z.B. „Wo geht´s zur Toilette", „wo geht´s zu den Sportstätten" oder „wo geht's zur U-Bahn". Otl Aicher entwarf für die verschiedenen Sportarten eindeutige, jedem Analphabeten verständliche Zeichen, die überall – auf Eintrittskarten, Wegweisern und sogar auf Grollen, über den Kampfstätten schwebenden Fesselballons – erscheinen sollten. Denn man wollte 1972 der Welt zeigen, dass man sich ihr anpasst und sie nicht beherrscht, z.B. mit einer Sprache.

Die Piktogramme wurden nach einem Rastersystem entwickelt, der runde Kopf und zwei verschiedene Arm- und Beinstärken sind die Grundlage für diese genialen Kurzdarstellungen. Das Zeichensystem für Piktogramme ist auf einem einfachen Raster von Orthogonalen und Diagonalen aufgebaut. Auf dieser kleinen Basis konnte man eine kaum übersehbare Anzahl von Piktogrammen ableiten. Alle Figuren hatten einen Punkt als Kopf und ihre Bewegungen sind in einem Koordinatensystem aus Orthogonalen und Diagonalen eingebettet. Alle Bewegungsabläufe sind nach einer bestimmten Geometrie ausgerichtet. Esperanto, das Gesprochene, hat sich niemals durchgesetzt. Aber umso mehr das Gemalte von Otl Aicher.

Otl Aicher war mit Inge Scholl, einer Schwester von Hans und Sophie Scholl, verheiratet. Er ist es, der ihr Grab auf dem Friedhof im Perlacher Forst gestaltet hat.

Im Studentendorf sind auf einem Freilichtgemälde 30 die verschiedenen Piktogramme aufgemalt. Nur eines fällt aus der Reihe – finde den Fehler! „Sportler-Strich“ nannte einst der Spiegel diese Piktogramme und andere verspotteten sie als „Minimalschrift für Analphabeten des hektischen Zeitalters“

37. Geheimnis

Ein schwer verdauliches Betthupferl

„Deutsches Mosaik – ein Lesebuch für Zeitgenossen" heißt das in einem silberfarbenen Umschlag eingeschlagene 457-Seiten-Opus, das die Athleten auf ihrem Nachttisch als Souvenir von den Olympischen Spielen in München vorfanden. So einfach und allgemein verständlich die Piktogramme waren, so schwer zu lesen ist dieses Buch selbst für deutsche Muttersprachler. Im Vorwort von Gustav Heinemann ist zu lesen: „Dieses Buch soll den ausländischen Besuchern der Olympischen Spiele helfen, die geistige Situation Deutschlands zu verstehen". In vier verschiedenen Kapiteln (Das neue Jahrhundert/Die verschenkte Republik/Die Unzeit/die Provisorische Zukunft) kommen Autoren wie Frank Wedekind, Sigmund Freud, Kurt Huber oder Willy Brandt zu Wort. Was manchmal recht schwierig zu lesen ist, wenn man nur mal den Titel von Günter Grass liest: „Vom mangelnden Selbstverstrauen der schreibenden Hofnarren unter Berücksichtigung nicht vorhandener Höfe." Wohingegen Heinrich Mann in seinem Schlusswort „Das Bekenntnis zum Übernationalen" klare Worte fand: „Wenn Freiheit kein Blendwerk ist, dann bedeutet sie den innigen Anspruch, niemanden zu gehorchen als der Vernunft".

Herausgegeben wurde das heute vergessene Opus „Im Auftrag des Organisationskomitees für die Spiele der XX. Olympiade 1972" von Dieter Hildebrandt und Siegfried Unseld vom Suhrkamp Verlag.

38. Geheimnis

Hanami – die Kirschblüte

Auf dem Weg von der U-Bahn-Station Olympiazentrum ins Olympische Dorf ist rechterhand symbolisch als Pflasterung die rote Sonne Japans 31 zu sehen. Am Übergang vom Dorf zum Olympiapark leuchten zur Blütezeit irgendwann im April original japanische Kirschbäume. Ein Geschenk der Stadt Sapporo anlässlich der Spiele 1972. Die japanischen Bäume wurden über den ganzen Park ums Dorf verteilt, aber nur hier an dieser Stelle sind sie vor dem Hintergrund von japanischen Kiefern und dem Olympiadach als Hintergrund eingebettet. Die Kirschblüte ist eines der wichtigsten Symbole der japanischen Kultur. Und steht für Schönheit, Aufbruch und Vergänglichkeit. Leicht zu verstehen, wenn man die Kirschbäume außerhalb ihrer Blüte sieht – dann sind sie sehr unscheinbar.

39. Geheimnis

Einer schuftete sich nach vorne: Janusz Kusocinski

Warum ausgerechnet der Damm oberhalb des Olympischen Dorfs nach Janusz Kusocinski benannt wurde, ist logisch: Wer wollte diesen Namen als seine Wohnadresse ständig buchstabieren? In Polen kennt jeder den Mann mit dem für Deutsche komplizierten Namen, der 1932 für Polen die Goldmedaille im 10.000 Meter-Lauf geholte hatte. Drei Jahre vorher soll er erwogen haben, seine Laufbahn nach dem Tod seiner geliebten Schwester und einer Knieverletzung aufzugeben. Doch dann soll ihn sein Dauerrivale Stanislaw Petkiewicz im Vereinsgelände ignoriert haben – aus lauter Wut habe der dann doch weitergemacht. Sein Laufstil soll fürchterlich gewesen ein, er flog nicht vorwärts, er schuftete sich vorwärts. Sein Hals sei in seiner Schulter gesteckt und seine Nase war verbogen, weil er sich als Kind ständig mit dem Ärmel von links nach rechts über die Nase wischte. Nach dem deutschen Überfall auf Polen meldete er sich freiwillig für eine Maschinengewehr-Kompanie und schloss sich später einer Widerstandsgruppe an. Am 26. März 1940 wurde er von der Gestapo verhaftet und drei Monate gefoltert. Gerüchteweise soll er ein Angebot abgelehnt haben, Trainer der deutschen Läufer zu werden. Man geht davon aus, dass er die anderen Widerstandskämpfer nicht verraten hat. Denn am 21. Juni 1940 wurde er mit 360 anderen Gefangenen in einem Wald bei Warschau erschossen.

Die Sprinter 32: Ein Geschenk der damaligen Tschechoslowakei

Dreiecksvariation 8/85 (1985); Skulptur von Ben Muthofer im Olympiapark München 33

Zum 10-jährigen Bestehen des Olympischen Dorfs wurde von Ben Muthofer in Zusammenarbeit mit der Lehrlingswerkstatt der BMW das Krönchen aus weißlackierten Stahlblechen gebaut. Es krönt den Kusocinskidamm hoch über dem Nadisee.

Am Damm liegt auch die Zentrale Hochschulsportanlage (ZHS) 34, heute die größte Hochschulsporteinrichtung in Deutschland. In den damaligen Bauten fanden Wettkämpfe in Gymnastik und Volleyball statt. 1972 architektonisch durchaus anerkannt, musste der Bau 2013 abgerissen werden. Zu marode war die Bausubstanz, faustgroße Löcher waren in der Fassade, der verwendete Spezialstahl war durchgerostet, selbst die Füße tragender Stützen waren angegriffen.

40. Geheimnis

Der Olympiapark – einfach nur ein Gebrauchsgegenstand

Günter Behnisch, Frei Otto und Otl Aicher, das sind Namen, die in Zusammenhang mit der Gestaltung der Olympischen Spiele 1972 weithin bekannt waren. Der bedeutsamste Gartenarchitekt des Barock war André Le Nôtre. Effner und Lenné sind Namen großer Gartengestalter. Aber welcher Gartenarchitekt hat eigentlich den olympischen Park gestaltet? Wer hat diese wunderbare Landschaft im Stil eines Englischen Gartens entworfen? Es war Günther Grzimek, der Bruder des Bildhauers Waldemar Grzimek.

Aber warum kennt keiner den Namen von Günther Grzimek? Ganz einfach. Weil er das nicht wollte. Für ihn war der Park ganz einfach ein Gebrauchsgegenstand. Wo in anderen Parks die Menschen den vorgegebenen Wegen folgen müssen, ging Grzimek gerade den gegenteiligen Weg: Er ließ die Menschen durch das Gelände laufen und da, wo sie gingen, wurden Wege angelegt. Allesamt geschwungen, niemals gerade, denn auf geraden Wegen und Straßen wurde marschiert. Hier wird stattdessen flaniert und spaziert. Rechts der Brücke, die von der U-Bahn ins Olympische Dorf führt, sieht man beiderseits des Fahrwegs Pappeln. Sie sind Zeitzeugen von 1972, denn damals wurden im Park schnellwüchsige Pappeln gepflanzt, die so lange stehen blieben, bis die anderen Bäume dazwischen groß genug waren. Und dann kamen die meisten Pappeln weg, sie warfen Schatten – den wollte man 1972 nicht – und Hitler hatte viele Pappeln pflanzen lassen.

Nur wenige Pappeln, wie an der Einfahrt in die Fahrebene, durften stehen bleiben. Unter den Pappeln ist noch der Boden vom Oberwiesenfeld geblieben.

„Wenn wir etwas machen, dann dürfen wir nicht etwas machen, was so ist, dass man sagt, ach, das hat der Grzimek gemacht, sondern wir müssen es so machen, dass es selbstverständlich ist. Dass man einfach sagt, ich hab mich sauwohl gefühlt … Wir haben einen Gebrauchsgegenstand machen wollen".

Günther Grizmek

Der Olympiapark war ein großer Wendepunkt in der Münchner Gartenkunst. Der leitende Kasseler Landschaftsarchitekt Günther Grzimek stellte ihn in den Kontext des gesellschaftlichen Umbruchs der 1960er Jahre. Das Motto der „Besitzergreifung des Rasens" drückt die Aneignung durch die Bevölkerung als emanzipatorischen Prozess aus. Der Park wird zum Ort gesellschaftlicher Freiheit. Damit orientiert sich Grzimek ebenfalls am Ideal der Demokratie. Anders als zu früheren Zeiten, als das Betreten des Rasens untersagt war, Relikt aus der Zeit des Sonnenkönigs, wo keiner seinen zugewiesenen Platz verlassen durfte und der Rasen der Repräsentation diente.

41. Geheimnis
Aha!

Es gibt ein Prinzip, das für die Kriegskunst und die Gartenbaukunst gleichermaßen gilt: Das Aha, das aber nur in der Gartenbaukunst so heißt. Im Krieg ist es ein Schützengraben. Beim Prinzip des Aha geht es darum, einen Graben von der Ferne nicht als solchen erkennen zu lassen. Erst wenn man davor steht, sieht man, dass da ein Graben ist. Ein Fluss oder in heutiger Zeit: ein fließender Verkehr. In der Gartenbaukunst sollen aber die Flaneure erstaunt „Aha" ausrufen, wenn sie plötzlich erkennen, dass da ein Graben vor ihnen liegt. Und so sieht man auch von der Ferne nicht, dass zwischen dem Olympischen Dorf und dem Olympiapark der Mittlere Ring, also ein Graben verläuft.

Der Klagebalken vor dem Aha und dem Olympiadach

42. Geheimnis
Der Klagebalken

Zwischen dem Ort der Spiele, dem Olympiapark, und dem Ort des Attentats, dem Olympischen Dorf, breitet der Klagebalken (40) seine granitenen Arme aus. Er besteht aus Granit aus dem KZ Flossenbürg, das als eines der schlimmsten unter den Konzentrationslagern gilt. Wo einst auch die Familie Wittelsbach in einer KZ-Bordellbaracke in zwei Zimmern untergebracht war. Herzog Franz, seit 1996 Oberhaupt des Hauses Wittelsbach, erinnert sich bis heute an „Hunde und Gebrüll".

Fritz Koenig – dessen Lebens- und Arbeitsmotto „Weltruhm und Heimatliebe" war, galt als einer der bedeutendsten deutschen Bildhauer der Nachkriegszeit. Sein berühmtestes Werk ist wie der Klagebalken mit einem Terroranschlag verbunden: Die „Kugelkaryatide N.Y.", die nach dem Terroranschlag von New York am 11. September (mal wieder die Elf) 2001 beschädigt aus den Trümmern des World Trade Centers geborgen wurde. Seit 2017 steht sie nahe der 9/11-Gedenkstätte.

In der Connollystraße 31 (41) befand sich das Apartment der später als Geiseln genommenen israelischen Olympiamannschaft. Heute wird das Apartment von der Max-Planck-Gesellschaft als Gästehaus genutzt. Im Judentum legt man anstelle von Blumen Steine auf ein Grab, die Blumen welken, Steine bleiben.

43. Geheimnis

Ha! Ha! Said the clown

putschte bei voller Lautstärke Manfred Mann mit seinem Hit bis tief in die Nacht das DreamTeam beim Entwurf des Olympiastadions. Höher, höher schwangen sich die Musik und die Ideen und schufen eine Architektur, die zur Weltspitze gehört: das Olympiastadion.

Wer war nun eigentlich der Schöpfer des weltberühmten Zeltdachs, das heute auf keinem Werbeartikel über München, der dessen berühmtestes Bauwerk zeigt, fehlen darf? Das Wunderwerk, das vermutlich alleine wegen der Statik heute keine Behörde mehr abnehmen würde, ist ein Gemeinschaftswerk von Günter Behnisch (1922–2010), Fritz Auer (geb. 1933, Carlo Weber (1934–2014) und Frei Otto (1925–2015). Letzterer war ein „Steven Spielberg der Architektur", wie ihn die Abendzeitung im März 2015 nannte: Einer; der den Nobelpreis seiner Zunft, den Pritzker-Preis, bekommen hatte. Seinen ungewöhnlichen Vornamen „Frei" hatte er von seiner Mutter als Programm für sein Leben mitbekommen und so war es auch: Frei Otto war ein freier, unabhängiger Geist.

Als es 1967 darum ging, wo das Stadion denn hinsollte, machte Auer mit seinen Kollegen vom Schuttberg aus ein Foto des Geländes. Dann gingen sie ans Werk und entwarfen auf einer Zwei-Meter-Tischplatte das Stadion. Mit Sägemehl und Wollfäden für die Wege. Frau Auer musste ihre Damenstrümpfe ausziehen, die dann über die Flächen gedehnt und mit Reißzwecken befestigt wurden und von unten mit großen Streichhölzern die Stützen bildeten.

Das Dach über dem Olympiastadion 54, der Olympiaschwimmhalle 52 und der Olympiahalle 53 überspannt ca. 74.800 Quadratmeter. Ganze 436.000 Meter Stahlseil mit 137.000 Knoten halten die Konstruktion aus 8.300 Acrylglasplatten. Dutzende von Patenten wurden damals ausgestellt. Fast alle Scheiben haben eine andere Größe, so ist es unmöglich, auch nur ein Minimum an Reservescheiben zur Verfügung zu halten.

Fast wäre die Bewerbung für das Olympiadach schief gegangen: Zweimal wären beinahe nur die Modelle bei den Entscheidern des Wettbewerbs angekommen, nicht aber die Pläne, denn die waren nicht weiter transportiert worden. Es klappte ja

Beim Song „Ha, Ha said the clown" von Manfred Mann kam dem Team um Frei Otto die Idee, den Nymphenburg-Biedersteiner Kanal zu einem See aufzustauen. Dem Olympiasee, der eigentlich nach den Spielen zugeschüttet werden und als Parkplatz dienen sollte. Der Olympiasee hat eine Länge von 1.120 Metern und eine Breite von 223 Metern. Er ist durchschnittlich 1,3 Meter tief und wird durch das Wasser gespeist, das bei Regen von den Dächern des Olympiastadions durch Rohrleitungen gesammelt wird. Zwischen dem Olympiasee und dem Olympiaberg verlief die Spielstraße, wo das Motto der „heiteren Spiele" dargeboten werden sollte mit Pantomimen, Straßen-, Puppen- und Marionettentheater, Audiovision, Multimedia, Mitspielmöglichkeiten des Publikums, Musik, Tanz und Folklore und viele mehr. Zudem trägt der Olympiasee maßgeblich dazu bei, dass sich der gesamte Olympiapark zu einer wichtigen Zwischenstation für Zugvögel auf ihren Wanderungen entwickelt hat.

dann – und nicht nur das Olympiastadion war geboren, sondern auch ein Kind eines Mitarbeiters, der ihm dann auch spontan den Zweitnamen „Olympia" gegeben hat.

Das Dach sei nicht gemacht worden, sondern entstanden, sagte Frei Otto später. Ebenso wie die Formen der Seifenblasen entstehen. Die Mitarbeiter des Instituts für leichte Flächentrag-

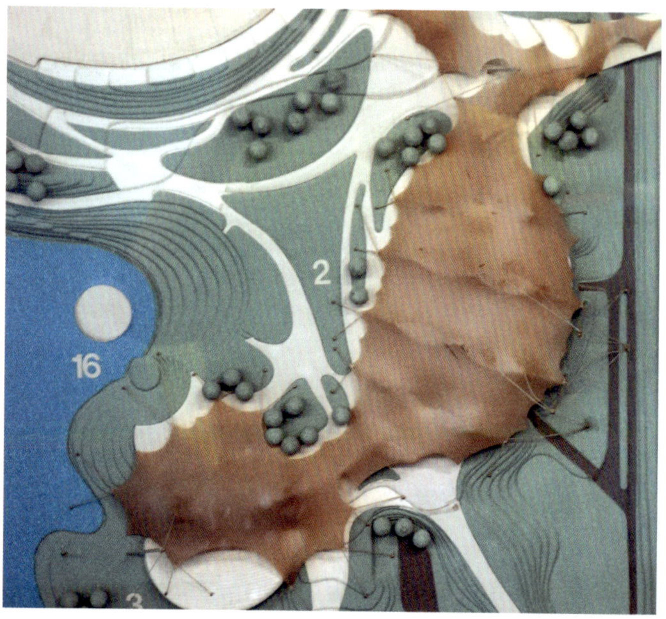

Es zählt zu den wertvollsten Schätzen des Münchner Architekturmuseums: das Strumpfmodell vom Olympiadach. Im Maßstab 1:1000 ist hier das Dach zu sehen, wie es Frei Otto und sein Team seinerzeit „bastelten“: aus Damenstrümpfen und Holzstäbchen. Für Professor Winfried Nerdinger vom Architekturmuseum ist dieses Dach ein Höhepunkt der Baugeschichte, wenn nicht DER Höhepunkt überhaupt!

werke in Stuttgart hatten unter der Leitung von Frei Otto tausende von Seifenblasen beobachtet, nicht nur die von kugelförmigen Gebilden, sondern auch von ganz unterschiedlich geformten Drahtgestellen. Denn in der Seifenhautform verbirgt sich große Mathematik: Die Mathematik der Minimalflächen. Seifenlauge hat nämlich eine spezifische Eigenschaft: Sie bildet immer die kleinstmögliche Form. Bei jeder Verformung wird die Fläche größer und die Spannung stärker – also federt die Seifenhaut wieder in ihre Ausgangslage zurück. Da die Mathematik der Minimalflächen sehr kompliziert ist, kann man auch heute noch in vielen Fällen eine Minimalfläche leichter mit Seifenlauge realisieren als mathematisch bestimmen.

„Das Gewinnen von Preisen ist nicht mein Lebensziel. Ich versuche, armen Menschen zu helfen. Aber was soll ich sagen, ich bin sehr glücklich". *Frei Otto*

Das Olympiadach findet man noch ein zweites Mal in München, in der großen Volière im Tierpark Hellabrunn, die vom Zeltdach des Olympiastadions inspiriert ist. Trotz ihrer Größe wirkt sie federleicht. Aber nicht nur in München, sondern auch weltweit fand das Dach mit seiner wegweisenden Architektur Nachahmer, denn es löste das Problem einer Überdachung großer Areale mit leichten Flächentragwerken. In nordischen Hafenstädten dachte man angesichts dieser Konstruktion über die Frage nach, wie ihre Häfen im Winter betriebsfähig gehalten werden konnte. Wiederum andere Länder überdachten ihr Vergnügungsstätten wie Kurparks auf diese Weise. Das Dach des König-Fahd-Stadions in Riad soll dem Olympiastadion nachempfunden sein.

„Ich schwöre Ihnen bei meiner Seele", sagte Egon Eiermann, Deutschlands prominentester Kirchenbauer und einer der bedeutendsten Architekten der Nachkriegsmoderne: „Diese Architektur ist realisierbar." Das war auf einer Party, zu der Deutschlands Erster Olympia-Funktionär Willi Daume in seinem offiziellen Domizil am Starnberger See Politiker und Bauplaner geladen hatte. Eiermann hatte letztendlich dafür gesorgt, dass das visionäre Olympiadach gebaut wurde, entgegen allem Kleinmut und Konkurrenzklüngel.

April, April!
Eine Münchner Boulevardzeitung hatte geschrieben und beschrieben, wie schlecht es doch für das Image der Stadt wäre, wenn das weltberühmte Olympiadach nun Jahre nach den Spielen so grau aussehen würde. Es müsste mal gründlich geputzt werden, das wäre aber zu teuer. Und da sei die Hilfe der Bürger gefragt. Wenn doch am nächsten Sonntag jeder mit einem Eimerchen, einem Putzlumpen und Putzmittel käme, und sich eine Scheibe vornehmen würde, dann, ja dann, wäre das Image der Stadt wieder im Lot. Und vielleicht, ja vielleicht gäbe es ja eine Karte nebenbei für das nächste Fußballspiel im weltberühmten Stadion. Geschrieben, gelockt, gelacht: Unzählige Münchner strömten tatsächlich mit Eimerchen und Putzmitteln in der Hand zum Stadion, um das Image der Stadt zu retten und vielleicht ja auch eine Karte zu bekommen. Es war – ein erster April!

Taubenscheiße auf dem Olympiadach
Dass das weltberühmte Zeltdach über dem Olympiastadion jahrzehntelang frei von Taubenkot bleibt, hat einen tierischen Grund: In den Mastköpfen der Hauptpylonen befinden sich die zwei Nester von hungrigen Falken…

44. Geheimnis

Wall of fame, der Ehrenhain am Coubertainplatz

Die Jugend der Welt möge in den Bauten einen würdigen Rahmen für die Spiele des Friedens im Herzen Europas finden, heißt es auf einer Urkunde, die zusammen mit dem Grundstein für die Bauten der XX. Olympischen Spiele am 14. Juli 1969 vor dem Ehrenhain 56 versenkt wurde. Unterzeichnet war das Dokument unter anderem vom damaligen Bundesfinanzminister Franz Josef Strauß, dem Münchner Oberbürgermeister Hans-Jochen Vogel, dem Präsidenten des Organisationskomitees Willi Daume sowie dem ältesten Polier und dem jüngsten Lehrling der Bauarbeiter.

Heute steht der Grundstein, den einst vier Bauarbeiter an seinen Platz trugen, nicht mehr an der Stelle, wo er einst eingemauert wurde. Zu viele Fußballfans des FC Bayern und des TSV 1860, Besucher von Open-Air-Konzerten, Spaziergänger und Touristen aus aller Welt haben die Platte „zertrampelt". Die ursprüngliche Stelle ist noch an einem Geviert im Boden und an einer kleinen Plakette zu erkennen. Der Grundstein selbst wurde auf der ersten Stufe oberhalb im Ehrenhain eingemauert.

Die Plakette vor der „Wall of Fame" zeigt an, wo einst der Grundstein war.

Die erst 16-jährige Schwimmerin Shane Gould galt als weibliches Pendant zu Mark Spitz. Sie war die erste Frau, die bei olympischen Schwimmwettbewerben in Weltrekordzeit drei Goldmedaillen erschwamm. Noch im Jahr ihrer Siege wurde sie zum „Australier des Jahres" gewählt.

Und wer von damals erinnert sich nicht an den „Spatz aus Grodno" – die 17-jährige Kunstturnerin Olga Korbut aus der UDSSR. Mit dreimal Gold und einmal Silber war sie eine der erfolgreichsten Sportlerinnen der Sommerspiele.

Vincent Matthews, Olympiasieger über 400 Meter, stand mit Wayne Collett, Gewinner der Silbermedaille, barfuß und locker plaudernd auf dem Siegerpodest. Wayne Collett erklärte später, dass für ihn als Afroamerikaner die Hymne nichts bedeute, solange die Unterdrückung der Schwarzen in den USA bestünde.

Man übersieht sie leicht, die „Wall of fame" am Hans-Joachim Vogel Platz (früher Coubertin) Platz.

Der Hockeyspieler und spätere Sportfunktionär Krause „versteigerte" den Ball, mit dem er damals die Strafecke zum Olympiasieg verwandelte, mehrmals für einen guten Zweck. Wobei der Originalball und der dazugehörige geliebte Hockeyschläger des schlitzohrigen Krause zuhause in der Vitrine verblieb. Und eben jenes so liebevoll behandelte Sportgerät sichert sich mit seiner Goldmedaille im Hockey am 10. September 1972 seinen Platz in der olympischen Geschichte.

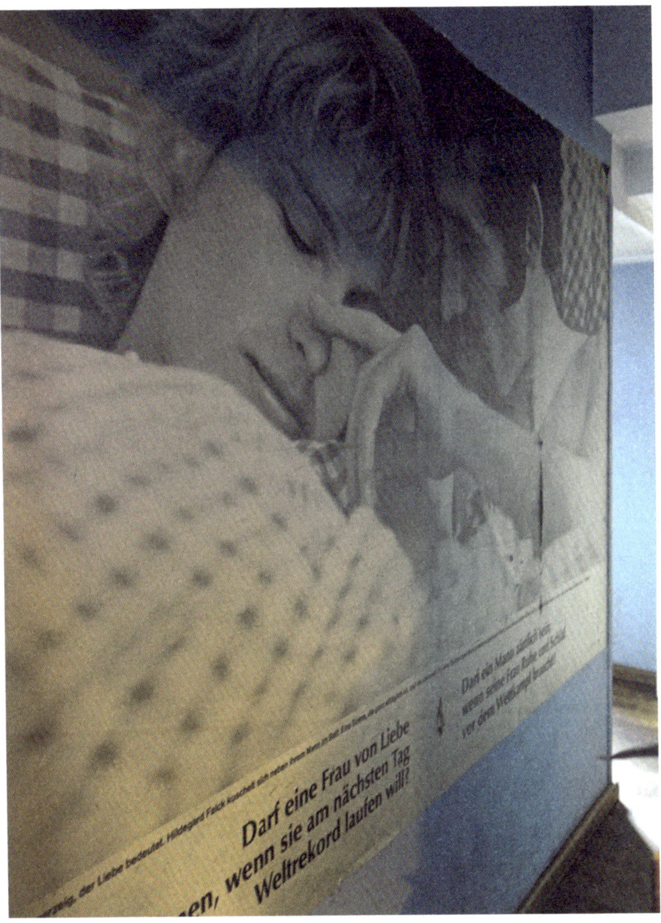

In der Olympia-Kneipe am Holzplatz fernab des Olympiageländes im Glockenbachviertel hängt auf dem Weg zur Toilette ein Poster (es ist eine vergrößerte Anzeige aus dem „Stern") mit einem Bild von Hildegard Falck im Bett liegend mit ihrem Mann und der Fragestellung „Darf eine Frau von Liebe träumen, wenn sie am nächsten Tag Weltrekord laufen will?" Und weiterhin: „Darf ein Mann zärtlich sein, wenn seine Frau Ruhe und Schlaf vor dem Wettkampf braucht?"

Mark the Shark. Gefragt, was er denn sein möchte, wenn er nicht Mark Spitz wäre, antwortete er: „Ein Mann, der so aussieht und so gut schwimmen kann wie Mark Spitz." Spitz wollte eigentlich seinen Schnurrbart für den Wettbewerb abrasieren, als ihn ein Russe fragte, warum er ihn denn tragen würde. Spitz antwor-

Unbeachtet steht auf dem Hans-Jochen-Vogel-Platz am Ehrenhain in Richtung Hanns-Braun Brücke ein Findling 60 aus dem Fichtelgebirge, der bei genauerer Betrachtung das markante Profil von Hanns Braun zeigt. Johannes „Hanns“ Braun war ein deutscher Bildhauer und Leichtathlet, Mit drei olympischen Medaillen war er der erste deutsche Leichtathlet von Weltformat und populärster deutscher Sportler der Jahre vor 1914. Von 1937 bis 1945 hieß das Stadion an der Grünwalder Straße in München „Städtische Hanns-Braun-Kampfbahn“.

tete ihm, weil daran das Wasser abperle – woraufhin sich sämtliche russischen Schwimmer auch Schnurrbärte wachsen ließen.

Der Olympiamedaillengewinner im Zweierbob, Josef „Bepi" Bader organisierte in seinem späteren Leben den Haushalt vom Gärtner bis zum Hausmeister „Peino" auf dem Anwesen des mittlerweile verstorbenen Sultans von Oman in Garmisch.

Klaus Wolfermann, „der kleine Riese mit dem goldenen Arm", warf im fünften Durchgang seinen Speer zwei Zentimeter weiter als sein lettischer Rivale Janis Lusis. Nach dem Triumph umarmten sich Wolfermann und Lusis – eine Freundschaft fürs Leben entstand über politische Systeme hinweg.

Ulrike Meyfahrt war die größte Überraschung und einer der Stars der Spiele. Mit der 16-jährigen Rheinländerin hatte niemand gerechnet. Als sie im ersten Versuch 1,92 Meter übersprang, errang sie nicht nur den Olympiasieg, sondern sprang auch einen Weltrekord.

Heide Rosendahl, die „Miss Leichtathletik", gewann am 31. August 1972 die Goldmedaille im Weitsprung. Nie hatte sie die Brille zurechtgerückt, denn die wirkte wie organisch und nicht wie ein künstliches Hilfsmittel an ihr. Sie erhielt für ihren Olympiasieg ein Bügeleisen und einen Eierkocher. Prämien durften keine bezahlt werden. Außerdem bekam sie – noch vor den Spielen – einen Scheck von der Sporthilfe in Höhe von 250 Mark. Dafür durfte sie beim Metzger Fleisch kaufen. Über sie wurde nach den Spielen geschrieben: „Heide hat die Brille, die vorher eher zu einem von des Gedankens Blässe angekränkelten Intellektuellen gehörte, sport-chic gemacht."

Peter Frenkel holte für die DDR Gold über 20-Kilometer-Gehen. Auf der einen Seite machte die DDR im Vorfeld miese Stimmung mit dem Zahlenspiel 36 + 36 = 72, womit klar werden sollte, dass 1972 auch nicht anders werde als 1936 unter der Naziherrschaft. 1972 feuerten dann 2.000 handverlesene linientreue DDR-Bürger mit dem Slogan „7, 8, 9, 10, Klasse" ihre Mannschaften an. Ein Slogan, der auf die Fernsehsendung „Mach mit, mach's nach, mach's besser" zurückging, bei der Schul-Mannschaften in Staffel-Wettbewerben gegeneinander antraten. Die Sportler der Gesamtsiegerschule wurden mit einem Wanderpokal des Nationalen Olympischen Komitees der DDR ausgezeichnet.

1972 biss der Olympiasieger über 400 Meter, John Akii-Bua aus Uganda, während der Siegerehrung auf seine Goldmedaille. Von nun an sah man diese Geste bei Siegerehrungen immer öfter. Sehr sehenswert ist die Dokumenation „The John Akii-Bua Story – An African Tragedy" auf youtube, die das Leben des Ausnahmeathleten zeigt, der unter anderem unter der Tyrannei von Idi Amin gelitten hatte. „The name of Akii-Bua must be kept alive for the benefit of future generations. Hence, one of the streets of Kampala will be named after him at a grand ceremony to be led by me", hatte Diktator Idi Amin nach dem Sieg von John Akii-Bua einst verlauten lassen.

Hildegard Falck, die Olympiasiegerin im 800-Meter-Lauf, bezwang ihre auf der Zielgeraden stark aufholende Konkurrentin Nijolė Sabaitė in 1:58,6 min um 0,1 Sekunden.

Olympisches Gold gab es für die Zimmervermieter, die an Gäste vermietet haben. Der Zehntausendste bekam eine Reise nach Olympia geschenkt.

Schuhgeschichten – Ohne Schlamm kein Lotos

„Ohne Schlamm kein Lotos" sagt ein thailändisches Sprichwort. Um sich vom Schlamm von Olympia 1936 reinzuwaschen, ergänzte Adidas 1972 sein Logo um den dreiblättrigen Lotus zusätzlich zu den drei Streifen. Denn der Lotus symbolisiert die Reinheit der Welt, er gedeiht im Schlamm und doch fließt aller Schmutz an ihm herunter. Er soll auch den Zusammenhalt stärken und die Seele bereinigen. Das tat auch not, denn Adolf und Rudolf Dassler traten im Mai 1933 der NSDAP bei und waren später auch Mitglieder des Nationalsozialistischen Kraftfahrkorps.

Als Mark Spitz 1972 das Podium bestieg, um sich eine weitere Goldmedaille abzuholen (eine von insgesamt sieben), hielt er seine „Gazelle" in den Münchner Himmel. Damit verschaffte er dem Schuh und adidas mehr Aufmerksamkeit, als jedes Werbeplakat und jeder TV-Spot seiner Zeit zusammen. Dies war angeblich auf Rat von Horst Dassler, Sohn Adi Dasslers, geschehen, da die weite Trainingshose die Schuhe verdeckt hätte. Der „SL72" wurde von Adidas speziell für die Olympischen Spiele in Deutschland designt und war das einzige Modell, das ursprünglich als Freizeitschuh gedacht war. Auch die deutsche Mannschaft war so angetan von dem Modell mit den legendären drei Streifen, dass die Schuhe beliebte Begleiter auf dem Siegerpodest waren und so auch abseits des Sportfeldes olympischen Spirit in sich trugen.

Auch die offizielle Tasche der Olympischen Spiele wurde von adidas hergestellt.

45. Geheimnis

Die Schwimmhalle – U-Boot und Plastikschalen

Als maximale Anlage galt vielen Schwimmern die Olympia-Schwimmhalle 52. Das weiche und griffige Wasser galt als schnell. Bis heute können die Zuschauer in der Halle auf den hellgrünen Plastikschalen von damals sitzen. Nach drei Jahren grundlegender Renovierung wurde die Halle im November 2019 wieder eröffnet. Auch nach der Neueröffnung ist noch der olympische Geist zu spüren. Das liegt nicht zuletzt an der Farbgebung mit einem kräftigen Orange an den Wänden, himmelblauen und sonnengelben Kacheln in fensterlosen Räumen und einer Lochgitterverkleidung wie anno 1972 an der Decke. Es gibt riesige Bilder eines Schwimmers an der Decke und eines anderen im Wasser in der Hockhaltung. Unter dem berühmten Zeltdach trainieren noch heute die Münchner Wassersportgrößen im einzigen öffentlichen 50-Meter-Indoorbecken der Stadt.

Die neuartigen Trennseile mit den Schwimmkammern und die Überlaufrinnen am Beckenrand hatten einen das Wasser beruhigenden Effekt.

46. Geheimnis
Die Dirndl und das Dirndl

Im kleinen runden Museum zu den Spielen ist auch ein Dirndl zu sehen, das die Hostessen während der Spiele getragen haben. Zu einer Zeit, in der Dirndl eher als altmodisch galten, wollte das Organisationskomitee der Spiele das volkstümliche München zeigen. Und ein Dirndl sieht halt nun mal immer adrett aus. Sexy war das Olympiadirndl nicht – im Gegenteil, es war züchtig hochgeschlossen und reichte bis über die Knie, wobei die meisten Hostessen die Kleider heimlich um ein paar Zentimeter kürzten. Und natürlich in den Farben der Spiele. Die Dirndl Spiele führten zu einem Revival für das Dirndl, das heute noch anhält.

Die Hostessen sollten Englisch, Französisch und Italienisch beherrschen und die Eigenheiten bestimmter Länder verstehen: zum Beispiel die der Australier mit ihrem eigenartigen Englisch.

Münchens kleinstes Museum 55: Im Mini-Museum sind auch – neben Waldi, natürlich! – Werbeartikel der damaligen Zeit zu sehen: Kubusförmige Kerzenleuchter, Besteck, Untersetzer. Aber auch Aschenbecher, Streichholzschachteln, Manschettenknöpfe und Briefbeschwerer, die heute sicherlich nicht mehr das Werbemittel der ersten Wahl sind. Und ein Dirndl.

Drei Chefhostessen gingen ihren Weg

Die eine, Silvia Sommerlath, Diplomatentochter aus Heidelberg, wurde Königin von Schweden. Und was für eine königliche Königin! Beim Pflanzen des Nationenbaums soll es zwischen der späteren Königin Silvia und dem Prinzen Carl Gustaf gefunkt haben, als sie sich gegenseitig in die Augen blickten, wobei Silvias Augen ganz dem Trend der Zeit entsprechend tiefblau umrandet waren. Gekleidet war sie in ein hellbau-weißes Dirndl, vor den Spielen als rückständige Kleidung nur von ewig Gestrigen und vom Landvolk noch getragen, nach den Spielen wieder in Mode gekommen. Silvia war eine der Chefhostessen, also eine von denen, die mit Prominenten zu tun hatten und deshalb außer Englisch, Italienisch und Französisch noch weitere Sprachen beherrschen mussten. Bei ihr waren es Schwedisch und Portugiesisch.

Die zweite, Gabriele Weishäupl, wurde später Chefin des Münchner Fremdenverkehrsamtes und somit des Oktoberfestes.

Als junge Lokalreporterin hatte sie bei einer Boulevardzeitung gearbeitet und sollte Emmy Schwabe interviewen, die Ausbilderin der über 1.600 Olympia-Hostessen. „Nach dem Interview meinte sie, das wäre doch auch was für mich, sie könnte noch junge Frauen gebrauchen", sagt Gabriele Weishäupl und wurde Olympia-Hostess. Während der Spiele betreute sie Journalisten, erklärte Wege und organisierte Ausflüge in die Stadt und ins Umland. So locker alles nach außen war, so militärisch und diszipliniert ging es nach innen zu.

Die dritte, Inka Jochum, 1972 Chefhostess für die Ruderer und Boxer, brachte es zur viel gelesenen Autorin von Ratgebern und war zeitlebens Pionierin. Sie schrieb den allerersten Qigong-Ratgeber, der auf dem deutschen Markt erschien, gründete 1979

Ein erster Höhepunkt für den neuen Munich Olympic Walk of Stars war am Sonntag, den 1. Juni 2003 ein Besuch von Seiner Heiligkeit dem XIV. Dalai Lama. Er richtete eine Friedensbotschaft an die Welt und die 7 bis 8 Millionen Besucher, die jährlich den Park besuchen, und schrieb diese auf einer Pergamentrolle nieder. Ein bemooster Sandstein 57, von seiner Heiligkeit durch Auflegen des Khata, dem weißen Glücksschal der Tibeter gesegnet, bewahrt die Botschaft für die Ewigkeit in seinem Inneren auf.

Die eingravierte Friedensbotschaft lautet:
„Alle Lebewesen streben nach Glück und Frieden. Dieses Ziel können wir auf diesem Planeten erreichen, wenn wir Liebe und Mitgefühl in unserem Herzen entfalten. Ich bete dafür, dass ein Jeder von uns durch eine liebevolle und mitfühlende Haltung allem Leben gegenüber den Strom des Bewusstseins stärkt.
Der buddhistische Mönch Tenzin Gyatso XIV. Dalai Lama von Tibet,
1. Juni 2003"

die erste Wellnessanlage Münchens mit Ayurveda, Tai-Chi, Qigong Tuina und Yoga im „Aquilea" Schwimmbad des früheren Hotels Holiday Inn, Crown Plaza in München-Schwabing. Inka Jochum ist Gründerin der DANA e.V., der Gesellschaft zur Erhaltung tibetischer Kultur und Medizin. Sie selbst sagt von sich, ihre größte Fähigkeit wäre, immer wieder aufzustehen.

Die ehemalige Hostess Inka Jochum war es, die den Dalai Lama nach Deutschland brachte und ihn überhaupt erst bekannt machte. Als sie einst mit dem Flugzeug von Tibet nach München flog, saß seine Schwester neben ihr und erzählte von ihrem damals noch vollkommen unbekannten Bruder. Der Beginn einer beispiellosen Karriere des Dalai Lama.

47. Geheimnis

Ertrunkene Soldaten – Die Militärschwimmschule

Man sieht sie nur, wenn man von ihnen weiß: Die zwei parallelen Baumreihen am Willi-Gebhardt-Ufer neben dem Olympiasee gegenüber der Montessori-Schule. Sie markieren die Stelle, wo einst das von der Würm erweiterte Bad für Militär war. Insassen des Strafarbeitshauses hatten die Grube ausheben müssen. Ab 1827 sollten unter der Ägide von Offizieren und Unteroffizieren die Soldaten das Schwimmen lernen, auf dass nicht mehr so viele von ihnen im Krieg ertrinken. Und der Krieg unabhängig von Flüssen und Seen durchgeführt werden konnte. Der Erfolg der Kurse war aber nur mäßig. Nur 21 von 151 Soldaten konnten am Ende ohne Schwimmhilfe tauchen, kopfüber ins Becken springen und selbständig wieder ans Ufer gelangen. Der Münchner Schriftsteller Hanns von Gumppenberg (1866–1928) hatte hier auch Schwimmen gelernt, wie er berichtete: „Mir war das Schwimmen noch völlig neu, doch macht mir das Erlernen nicht viel Schwierigkeiten, und obschon der Anblick ertrunkener Soldaten, die wir zuweilen vor der Schwimmschule am Ufer liegen sahen, den Wagemut von Anfängern nicht gerade steigern konnte, wurde ich bald „frei" gesprochen".

Auf der anderen Seite des Kanals, gegenüber dem ehemaligen Schwimmbad, steht ein Gedenkstein 61, der an drei im Eis eingebrochene Kinder erinnert. 50 Schaulustige haben ihnen beim Ertrinken zugesehen.

Wobei es sich bei den „ertrunkenen Soldaten" vermutlich einfach nur um total erschöpfte Männer gehandelt haben dürfte. Seinerzeit nutzten das Becken vormittags Soldaten und nachmittags Privatleute. Allesamt Männer. Einmal wünschte der Prinzregent, ein kühlendes Bad zu nehmen. Also mussten schnellstens alle Schwimmer aus dem Becken vertrieben werden. Der körperlich sehr fitte Prinzregent zog also seine Bahnen, im Schwimmanzug, neben ihm seine Leibwächter – in vollem Ornat.

Das Bad war von 1827 bis 1965 in Betrieb, nacheinander erlernten hier die Bayerische Armee, die Reichswehr, die Wehrmacht und die Bundeswehr das Schwimmen. Von 1968 bis 1970 wurde das Becken anlässlich der Olympischen Spiele zurückgebaut.

48. Geheimnis

Bäume aus der ganzen Welt

1936 war es so, dass die Goldmedaillengewinner eine kleine Eiche überreicht bekommen haben. Bis heute sind die lebenden Pokale eine einzigartige Siegesgabe in der Geschichte der Olympischen Spiele. In 19 Sportarten und 129 Disziplinen wurden 1936 Olympiasieger gekürt, dementsprechend wurden also 129 Eichensetzlinge vergeben. Ausgeheckt hat diese Idee nicht etwa Hitlers Propagandaminister Goering, sondern ein Berliner Gärtner namens Hermann Rothe. Das Organisationskomitee war sofort begeistert und erklärte die Bäumchen in seinem amtlichen Bericht zum „schönen Sinnbild deutschen Wesens, deutscher Kraft, deutscher Stärke und deutscher Gastfreundschaft".

Viele der Nationenbäume sind mit einer Hinweisstele gekennzeichnet

1936 hieß es in einer amtlichen Verlautbarung: „... die unsere Gisela Mauermayer durch ihre glanzvolle Leistung im Diskuswerfen errungen hatte, hat im Botanischen Garten einen Ehrenplatz im Eichenhain erhalten. Möge sie Deutschlands Jugend auch in späteren Jahren an die ruhmreichen Leistungen unserer Teilnehmer an der Olympiade 1936 erinnern und sie zu immer größerer Körperertüchtigung anspornen."

Doch wo genau befindet sich heute dieser Baum? Auf Anfrage hieß es dazu von den Botanikern des Schlossparks Nymphenburg: „Wir können von unserer Seite her derzeit nicht nachvollziehen, wo der Baum gepflanzt wurde. Wir haben zu dem Vorgang leider keine Unterlagen vorliegen."

Einmal um die ganze Welt – in den Taschen gar kein Geld – kann man im Nationenhain (62) bei der Entdeckung der vielen exotischen Bäume reisen: Die Traubenkirsche der ehemaligen UdSSR (Die weißen Blüten der Traubenkirsche hängen wie Trauben herab. Sie haben einen süßlich herben Geschmack und sind essbar), aus Island die Moor-Birke (alias Haar-Birke, Besen-Birke, Glasbirke oder Behaarte Birke), eine Blumen-Esche aus Monaco (auch Manna-Esche genannt, wegen dem Saft, der aus angeritzten Ästen und Zweigen austritt), ein stolzer Säulen-Wacholder aus Saudi-Arabien, für den Libanon steht eine Zeder, das Wahrzeichen des Landes, Ungarn ist mit einer Akazie vertreten, wurde doch dort um 1710 die erste Akazie angepflanzt. Und dann gibt es noch den Ahorn aus Kanada, aus Marokko die Zypresse, aus Abu-Dhabi die Ölweide, aus Griechenland die Platane, aus Rumänien die Tanne, aus Frankreich die Eiche, aus Bulgarien der Rosenstrauch, aus Luxemburg die Blutbuche, aus dem Iran der Eisenholzbaum, aus England der Oak Tree, aus dem Emirat Katar die Gleditsie, aus Dänemark eine Silberweide – um nur einige der vielen Bäume zu nennen.

Stinkende Frauen, endlich!
Während einer Führung im alten Botanischen Garten über den dortigen Ginkgobaum wird erzählt, wie uralt die Ginkgobäume wären, wie sehr sie Goethe geliebt habe, dass sie eine einzigartige Gattung zwischen Nadel- und Laubbaum wären – da plötzlich ruft eine Teilnehmerin: „Ein Drecksbaum ist es, der muss weg, der stinkt doch nur. Der ist zu nichts nütze, da gehen keine Bienen und Insekten dran. Der steht nur rum und hat sich seit Jahrmillionen Jahren nicht weiter entwickelt. Und der stinkt!“ Was die ersten Argumente anbetrifft, so kann man darüber geteilter Meinung sein, was den Gestank anbelangt, so hatte sie durchaus recht: Die Ginkgobäume im Olympiapark sind weiblich und deren Früchte stinken erbärmlich. Sie sind ein Geschenk der japanischen Olympiateilnehmer und mussten erst 15 Jahre in Kübeln groß gezogen werden, bevor sie ausgepflanzt werden konnten. Die Gingkos sind auch ein Symbol des Friedens, hatten sie doch Hiroshima überstanden und gelten deshalb heute als Symbol für ein friedliches Zusammenleben.

49. Geheimnis

Olympia triumphiert

Ein Leser der Abendzeitung wollte laut einer Leserzuschrift vom 23. Januar 1974 die Figur „wegen ihrer unästhetischen Haltung und unmöglichen Proportionen" am liebsten wieder abmontieren. Herbert I. fand sie hingegen „sehr stark" und meinte: „Sie hat mich ungeheuer beeindruckt. Diese Figur ist wie ein Zeichen. Ich könnte mir allerdings vorstellen, dass sie wegen ihrer Haltung auf gewisse Menschen etwas provozierend wirkt". Nach all den Laien nun die Expertise eines Fachmanns, des Kunsthistorikers Werner Haftmann: „Wir erkennen die übertriebenen Körperformen als Schwellkraft plastischer Volumen, die gerade in der Übertreibung ein formabstrahierendes Sehen ausweisen, das die Vorschläge der Natur in selbstständige plastische Gewichte übersetzt. Die straffe Rundung der großen Brüste, die die Kugel des Kopfes im Gleichgewicht hält, und darüber die mächtige Ausladung von Becken und Schenkeln treten in Korrespondenz zueinander und bewirken

Man könnte die gespreizten Beine der Olympia Triumphans 63, wie diese Statue heißt, auch als Victoryzeichen deuten, als Siegeszeichen der prallen Lebensfreude über die kalte Macht von Kriegstreibern wie Hitler.
Martin Mayer: Olympia Triumphans (1973), Bronze, Höhe 385 cm,

die artistische Equilibristik im Zusammenspiel schwerer plastischer Massen."

AZ-Leser Ludwig schrieb: „Das soll eine typische Olympiateilnehmerin sein? Dann müssten unsere Sportlerinnen seit der Olympiade aber arg zugenommen haben?" und ganz arg entrüstet war Dr. med. Deters Grenz aus der Ainmillerstraße: „Diese Plastik gehört unverzüglich entfernt. Sie ist plump, undifferenziert in den Formen, von üblem faschistoiden Geist. Übrigens, obszön kann man so ein leeres After-Gemache ja gar nicht nennen – da wäre ihm zu viel Ehre angetan", ereifert sich der Herr Doktor in der AZ vom 28.1.1974. Und hat damit der Plastik ungemein viel Ehre angetan: Sie hat seine Gefühle und sein Interesse geweckt – es ist große Kunst, die das kann!

Günther Fiebi aus München sieht das Ganze sehr ausgeglichen: „Ich halte die aufgestellte Plastik für ein großartiges Kunstwerk wegen der gestrafften Ballung der Formen, der Abstraktion durch Übertreibung der Rundungen und ihrer starken Aussagekraft. In diesem besonderen Falle scheint mir ein Teil der Ablehnung in unterschwelligen sexuellen Unausgeglichenheiten begründet zu liegen." *AZ, 28. November 1974*

Der Bildhauer Martin Mayer, der in der Borstei lebt – man sieht sie von der Olympia Triumphans aus – gilt als einer der letzten Vertreter der klassisch-modernen Skulptur in der Tradition von Auguste Rodin, Aristide Maillol und Henry Moore. Dem Künstler kam die Idee zu seiner triumphierenden Olympia während der Errichtung der Zeltdachkonstruktion der Oympiabauten mit ihren Pylonen – denen die gespreizten Beine der drallen Olympia nachempfunden sind.

Martin Mayer, von dem auch Bukolika auf der Ludwigsbrücke, der sitzende Keiler vor dem Jagd- und Fischereimuseum und Franziskus als Friedensbote vor der Klosterkirche St. Anna im Lehel stammt, hat sich dem Thema Frau in allen Variationen genähert, niemals erotisch oder zweideutig, sondern in Darstellungen einer starken lebensfrohen Weiblichkeit.

50. Geheimnis

Der Schuttberg – Auf der Alm

Über den Schuttberg führt der Martin-Luther-King-Weg, im Westen des Berges aus der Luft zu erkennen. Blickt man aus der Vogelprespektive (oder auf google earth) auf den Martin-Luther-King-Weg, dann erkennt man eine Wegführung, die Martin Luther King in die Landschaft zeichnet 64. Und über seinem Kopf einen weiteren Weg, den man leicht als Doktorhut deuten kann. Weiterhin neben ihm einen in Zackenform, Hinweis auf seinen Name King, also Krone. Die Tribüne in diesem Bereich symbolsiert seine Fähigkeit als großer Redner: „I have a dream …" Ich habe einen Traum, dass eines Tages jedes Tal erhöht und jeder Hügel und Berg erniedrigt werden. Die unebenen Plätze werden flach und die gewundenen Plätze gerade, und die Herrlichkeit des Herrn soll offenbart werden und alles Fleisch miteinander wird es sehen. Dies ist unsere Hoffnung. Dies ist der Glaube, mit dem ich in den Süden zurückgehen werde. Mit diesem Glauben werden wir den Berg der Verzweiflung behauen, einen Stein der Hoffnung."

Die Silhouette eines Maulwurfs auf dem Olympiaberg ist eine Anspielung auf die moderne Siemenstechnik „Maulwurf", mit dem seinerzeit die Grube für die U-Bahn-Station Olympiazentrum ausgehoben und der Schutt auf den Schuttberg verfrachtet wurde.

In den Trümmern des Schuttbergs befindet sich auch die Asche von Thomas Manns Manuskripten seiner Romane und Erzählungen: Als er auf einer Vortragsreise unerwartet ins Exil musste, nahm sein Münchner Rechtsanwalt Valentin Heins die Manuskripte an sich und versteckte sie in einer Mauernische in seiner Kanzlei in der Weinstraße 8. Am 12. Juli 1944 zerstörte ein Bombenangriff das Haus und mit ihm die Manuskripte. Die Trümmer des Hauses ruhen heute auf dem Olympiaberg und mit ihnen ein Schatz der Weltliteratur.

Schon 1966 hatte der Münchner Gewerkschaftsbund die Errichtung eines Denkmals zur Erinnerung an den Atombombenabwurf in Hiroshima vorgeschlagen. Und nun kam das Thema wieder auf den Tisch. Der Trümmerberg eigne sich besonders für ein

Der Olympiaberg wurde mit kleinwüchsigen Kiefern bepflanzt, damit er größer wirkt und den Anschein eines Berges vermittelt. Der er auch ist, denn von hier oben ist die Aussicht einfach herrlich.

solches Denkmal, weil die Trümmer des Luftkriegs an das Ende des letzten Weltkrieges erinnern würden. Ein besonderes Mahnmal für Hiroshima wurde schließlich verworfen. Unter anderem sollten hier Ginkgobäume gepflanzt werden, sind sie doch ein Symbol für Hiroshima, das sie überstanden hatten. Der Vorschlag ging unter. Man einigte sich dann auf ein allgemeines Friedenssymbol. Ausgeführt wurde es von dem expressionistischen Künstler Rudolf Belling, dessen „Blütenmotiv" einerseits mit den Wurzeln in die Vergangenheit reicht, andererseits auf deren Trümmern neues und friedliches entstehen ließ.

Doch vonseiten des Architekten, Günther Benisch, gab es massiven Widerstand gegen die „Schuttblume" 66, für den diese Plastik nicht in den Gesamtentwurf des Olympiaparks passte. Nach langen Diskussionen wurde die Plastik zwar aufgestellt, aber nicht auf der Spitze des Schuttberges, sondern etwas abgelegen in einem „Seitenarm" zwischen einer Baumgruppe. Ebenso wie das Kreuz 65, das auch nicht auf dem Gipfel des Schuttbergs errichtet wurde.

Auf dem Olympiaberg befinden sich zwei Gedenkstätten für die zivilen Luftkriegsopfer des Zweiten Weltkrieges: Das 1960 errichtete Kruzifix südöstlich unterhalb des Gipfels (links) und das 1972 errichtete Mahnmal „Schuttblume" (rechte Seite).

Bei der Vorbereitung der Olympischen Spiele hatte Oberbürgermeister Dr. Vogel interkulturelle Schwierigkeiten mit einigen Mitarbeitern aus Norddeutschland, die zwar viel vom Sport, aber so gut wie nichts von München verstanden. „Einer dieser Herren" schrieb Dr. Vogel „schlug mit beispielsweise allen Ernstes vor, das Oktoberfest 1972 ausfallen zu lassen, damit das olympische Feuer auf der Theresienwiese würdig empfangen werden könne … Ein anderer meinte sogar, statt Bierzelt würde sich in München die Bezeichnung ländliche Verpflegungsstätte durchsetzen lassen. Und Prinz Konstantin von Bayern schlug vor, um Schwierigkeiten mit der DDR auszuschalten, München während der Spiele exterritorial und zu einem eignen Staatswesen zu machen."

Ursprünglich war die Alm 67 ein Kiosk für die Arbeiter, die 1972 beim Bau des Geländes für die Olympischen Spiele halfen. Auf dem Schuttberg aus dem Zweiten Weltkrieg machten sie ihre Brotzeit. Mehr und mehr Münchner pilgerten zu diesem als Geheimtipp gehandelten sonnigen Ort und so wurde aus dem Kiosk ein Biergarten – der höchst gelegene der ganzen Stadt. Wer den Aufstieg zur 564 Meter hoch gelegenen Olympia Alm gemeistert hat, wird nicht nur mit einem wunderbaren Ausblick, sondern auch mit Bayerischen Schmankerln und kühlen Getränken belohnt.

Von verschiedenen Seiten aus betrachtet, erinnert die Schuttblume von Weitem an Nike, die Siegesgöttin. Bei näherem Herangehen aber eher an einen Vogel, die Friedenstaube. Rechts: Bodenplatte vor der Schuttblume.

Auf den Olympiaberg führen gepflasterte Wege, belegt mit Pflastersteinen aus der zerbombten Altstadt von München. Und sie zeigen die Silhouette der Alpenlandschaft.

So friedlich es heute auf der Alm zugeht, zu Olympiazeiten herrschte ein „Krieg" zwischen den Münchner Wirten und Brauereien, die sich allesamt die Spiele als ein einziges großes Oktoberfest vorgestellt hatten. Die Brauereien träumten von einer lukrativen „Weltausstellung" und erwogen, den Begriff „Biergarten" durch „Ländliche Verpflegungsstätte" zu ersetzen, damit auch wirklich jeder versteht, um was es sich da handelt. Das Ende vom Lied: Es gab keinen Biergarten.

51. Geheimnis

Der Olympiaturm – in 30 Sekunden ganz nach oben

Man könnte ja meinen, dass der Turm 51 anlässlich der Spiele errichtet wurde, vor allem, weil er als Symbol für die Olympischen Spiele 1972 oft neben dem Olympiastadion dargestellt wird. Aber er ist schon 1968 eröffnet worden. Das Olympiagelände wurde um den Turm herum konzipiert. Etwa 30 Sekunden dauert die Auffahrt mit dem Lift nach oben zur Besucherplattform, die den besten Blick auf die Olympiaanlage und bis hin zu den Alpen bietet. 182 Meter hoch ist der Turm, dessen Drehrestaurant oben einst als kleine Sensation galt. Zu olympischen Zeiten wurde der Turm von Faber Kastell als Kugelschreiber verkauft.

52. Geheimnis
Geisterbahnhof und Birkenbaum

Auf der Bahnstrecke nördlich des Olympiadorfs sollen im 19. Jahrhundert Züge von München nach Landshut gefahren sein, bis zu dem Tag, als die Kutsche von Prinzregent Luitpold mit einem Dampfzug zusammenstieß und er daraufhin die Verlegung der Bahnstrecke auf die westliche Seite des Schlossparks Nymphenburg anordnete. So zumindest die Legende, Genaues weiß man nicht. In späteren Jahren transportierten dann die Bayerischen Eisenbahnbataillons und das Gaswerk ihre Waren über das Gütergleis. Und 1972 entstand hier der S-Bahnhof 35 anlässlich der Spiele.

1988 wurde dann der Bahnhof stillgelegt und nach jahrelangen Verhandlungen mit der DB hatte die Stadt München das Areal mitsamt den Gleisanlagen zwischen Bahn-Nordring und Borstei gekauft. Und dann ging es los: Was soll mit dem Gelände passieren? Eine Fußgänger- und Radfahrerroute auf einer der ehemaligen Bahnbrücken sollte entstehen. Die SPD wollte diverse Fitnessangebote wie Sportpark, Trimm-Dich-Insel, Beachball, Kletterwand und Skateranlage einrichten. Die ÖDP eine per Hand- oder Beinantrieb bewegte Draisine auf dem ehemaligen Bahngleis. Immerhin sei dieser Freizeitspaß schon auf 30 Strecken in Deutschland eine große Attraktion. Das war 2012. Es wurde überlegt, ob man hier ein kleines Café einrichten könnte. Oder auch, ob man auf die eisenbahngeschichtliche Historie des 19. Jahrhunderts hinweisen könnte.

Ein idyllisches kleines Birkenwäldchen ist auf dem verlassenen Bahnsteig gewachsen

In den 1980ern bis in die 1990er Jahre hinein schlichen des Öfteren – besonders in Neumondnächten – schwarze Gestalten von der U-Bahn-Station Olympiazentrum in Richtung Kusocinskidamm, um dort zum verlassenen S-Bahnhof zu gehen. Kerzen aus schwarzem Wachs warfen auf dem alten S-Bahn-Gelände ein gespenstisches Licht auf die verlassenen Gleise, Black Sabbath dröhnte dazu und kreidebleich geschminkte Kuttenträger scharten sich um dunkle Symbole. Für die Gothik-Fans war der verlassene Bahnhof der ideale Ort für schwarze Messen und Geisterbeschwörungen.

Der eigens für die Olympiade gebaute S-Bahnhof wurde nach den Spielen vom öffentlichen S-Bahnnetz abgekoppelt, und nur noch im Rahmen von Veranstaltungen wie Fußballländerspielen im Stadion oder dem Deutschen Katholikentag 1984 angefahren. Als 1988 ein Kind beim Spiel auf dem Kesselwagen tödlich verunglückte, wurden alle bahntechnischen Einrichtungen abmontiert.

Heute schleichen hier Fotografen auf der Suche nach lost-place-Motiven herum und unter dem S-Bahnhof schlafen viele Obdachlose. Botanisch Interessierte suchen hier im Schotter der ehemaligen Bahngleise und in den Ritzen des Plattenbelags der Bahnsteige nach botanischen Schätzen wie dem gewöhnlichen Frühlingsfingerkraut und dem gewöhnlichen Bitterkraut. Aber auch in Bayern seltene Pflanzen wie Ysop, Echter Lavendel, die kriechende Zwerg-Mispel oder Winter-Bohnenkraut sind hier zu finden. Vermutlich sind die Samen für diese Pflanzen von den nahen Terrassen des Olympiadorfs herübergeweht.

53. Geheimnis

Die Olympia-Pressestadt – Telefone, Telefaxe, Telegramme

Wer heute in die Olympia-Pressestadt kommt, mag sich wundern, dass hier entgegen dem Namen keine Verlage, Fernsehsender oder andere Medien angesiedelt sind. Das waren sie, zu Zeiten der Olympischen Spiele, als über 4.000 Journalisten angereist waren, um über die Spiele zu berichten. Im Fernmeldezentrum führten die Journalisten an 110 fest installierten Telefonapparaten 26.723 Gespräche und gaben 9.837 Telegramme mit insgesamt 6.377.718 Worten auf. Die Pressevertreter trafen sich gerne in der Lobby im Erdgeschoss mit einer riesigen Wand voller Monitoren, auf denen zeitgleich alle gerade stattfindenden olympischen Wettkämpfe zu sehen waren. Das Zentrum der Pressestadt 36 war einst in der Riesstraße 50, wo heute das Berufsschulzentrum ist. Die Wohnungen der Journalisten waren für damalige Verhältnisse überdurchschnittlich gut ausgestattet.

Über dem Eingang ins Olympia-Einkaufszentrum und innen in der Einkaufspassage leuchten die fünf Olympischen Ringe

Von dort konnten die Reporter mit Shuttlebussen in nur wenigen Minuten zu den Kampfstätten kommen. Die Architekten der Gebäude waren Alfred Angerer und Alexander von Branca, die die Siedlung bewusste als kleine Stadt in der Stadt konzipiert hatten.

Nebenan entstand eine zweite „Kleinstadt": die größte überdachte Shoppingmeile Europas, das Olympia-Einkaufszentrum (OEZ) 4, entworfen von den Münchner Architekten Fred Angerer und Alexander von Branca (letzterer hat neben der Pressestadt auch die U-Bahn-Station Marienplatz entworfen). Sie wollten ganz bescheiden „neue Maßstäbe" setzen. Mit einer Schaufensterfront von 1.500 Metern ist das OEZ fast doppelt so lang wie der Münchner Hauptgeschäftsstrang zwischen Stachus und Marienplatz.

54. Geheimnis
Ja, wo laufen sie denn?

Wer wann wo mit wem um den Sieg ringen wird, war schon lange festgelegt. Nur bei drei Wettkämpfen war noch nicht alles geklärt: Bei den Marathonläufern und bei den Gehern. Nur eines stand fest: Start und Ziel beim Olympiastadion. Im März 1971 fiel dann die Entscheidung für folgenden Streckenverlauf: Aus dem Olympiapark vorbei am Dorf Richtung Westen, über den Georg Brauchle-Ring und die Allacher Straße bis Untermenzing und zurück zum Nymphenburger Schlosspark. Über eine Schleife durch Gern und Neuhausen weiter durch den Hirschgarten zur Nymphenburger Straße, dann zum Königsplatz und zum Odeonsplatz. Weiter über die Ludwigstraße durch den Englischen Garten bis zur Wendeboje am Aumeister. Über Schwabing und die Karl-Theodor-Straße ging es dann zurück zum Olympiapark.

Und dort läuft dann 1972 ein 16-jähriger durch das Marathontor ins Ziel ein, unter dem großen Jubel der Zuschauer. Doch der war gar kein offizieller Teilnehmer, sondern ein Spaßbold, der sich eine selbst gemalte Startnummer ans Trikot geheftet hatte. Frank Shorter, ein echtes Münchner Kindl, läuft dann nach 2 Stunden, 12 Minuten und 19 Sekunden als der echte Olympiateilnehmer ins Ziel ein. Für ihn war der Lauf durch die Stadt ein Genuss, denn hier ist Shorter als Kind eines GIs zur Welt gekommen.

Der Umriss der Strecke ähnelt nicht zufällig dem Olympiamaskottchen Waldi. Auch hier war man 1972 in München seiner Zeit voraus: Denn 50 Jahre später versuchen weltweit Menschen, beim Laufen mit Hilfe ihrer Mobiltelefone Bilder in die Karten zu malen. So wie der rheinland-pfälzische Chemie-Ingenieur Norbert Asprion, der mit seinem Mobiltelefon Tierfiguren in den Stadtplan von Ludwigshafen erläuft.
www.alltrails.com/de/explore/map/marathonstrecke-olympische-spiele-1972-munchen

55. Geheimnis

Ein großer Einschnitt, über den Gras gewachsen ist

Lange, lange wurde um die Stelle dieses Denkmals gerungen. Sowohl was den Standort betraf, als auch die Frage, ob es einen weiteren Erinnerungsort überhaupt noch braucht, denn es gab schon zwei. Den Klagebalken und die Tafel am Attentatshaus in der Connollystr. 31 sowie eine Hinweistafel bei der U-Bahn-Station Olympiazentrum.

Die Stadt München war etwas skeptisch, als es um die neue Gedenkstätte ging. Denn immerhin gibt es für die Opfer des NSU-Attentats und für die Opfer des Wiesenattentats kein vergleichbares Denkmal, im Olympischen Dorf aber gleich zwei Gedenkstätten. Nach vielen Querelen war es dann am 5. September 2017 so weit, der Lindenhügel wurde unter strengsten Sicherheitsmaßnahmen eröffnet. Wunderbar geglückt ist das Symbol eines tiefen Einschnitts, über den Gras gewachsen ist, der aber ein Einschnitt bleibt. In der Mitte der Stätte, sie ist umgeben von Stufen und gleicht einem Amphitheater, ein schlanker Keil aus Glas mit einem Stahlkern. Er dient – neben seiner statischen Funktion – als Gedenktafel für die Opfer, die hier beschrieben sind. Und im Hintergrund laufen auf einer Leinwand, Filme über die Spiele, Deutschland und Israel.

Die Gedenkstätte liegt am Kolehmainenweg 11 (42), benannt nach einem Langstreckenläufer, der auch „fliegender Finne" genannt wurde. 1912 war er mit drei Gold- und einer Silbermedaille einer der erfolgreichsten Athleten der Olympischen Spiele in Stockholm. Finnland war damals mit einem eigenen Team ge-

Am Hügel oberhalb der Studentenbungalows war auch ein möglicher Standort für das Denkmal. Sehr zum Missfallen der Studenten, wie man hier lesen kann.

startet, war aber dennoch ein Teil Russlands. Daher wurde bei der Siegerehrung die russische Flagge gehisst. Kolehmainen soll damals gesagt haben, er hätte sich in diesem Moment „beinahe gewünscht, nicht gewonnen zu haben". Wie die New York Times 1916 berichtete, soll der Vegetarier in Übersee erstmals überhaupt Fleisch probiert haben, denn wie die anderen starken finnischen Langstreckenläufer ernährte er sich hauptsächlich von Vollkornbrot. Milch stand ebenfalls auf dem Ernährungsplan, manchmal direkt von der Kuh getrunken. Kolehmainen soll eine typisch finnische Eigenschaft besessen haben: Sisu. Ein Begriff, der für Kraft, Beharrlichkeit, Ausdauer, Kampfgeist oder Unnachgiebigkeit steht. Schwäche zu zeigen, sei für ihn ein Tabu gewesen, er beende jedes Rennen, indem er seine Freunde anlächele – so berichteten seine Kollegen damals. Eine Eigenschaft, die ihm den Spitznamen „Smiling Hannes" einbrachte.

Die Gedenkstätte liegt am Kolehmainenweg 11, im Schnittpunkt des Attentats, also der Connollystr. 31, den Sportstätten und dem Platz, wo die Journalisten seinerzeit das Geschehen beobachteten.

Am 6. September 2017 wurde dann aber ein weiterer Erinnerungsort geschaffen, der umfassend auch den Hintergrund und Verlauf des Attentats vermitteln soll. Der Ort der Erinnerung auf dem Lindenhügel im Olympiapark trägt den Namen „Einschnitt", also für den tiefen Einschnitt damals, über den Gras gewachsen ist, der aber dennoch ein Einschnitt bleiben wird. In dem Raum zeigen zehnminütige Filme auf einer elf Meter breiten Medienwand den Verlauf und die Hintergründe des Attentats. Dabei geht es nicht nur um das Attentat an sich, sondern auch um die Geschichte Israels und Deutschlands und die Beziehungen zwischen beiden Ländern. In der Mitte des Raums und vor dem Hintergrund der Geschichte sind die Biografien der Attentatsopfer dargestellt.

Bruno Merk, der frühere bayerische Innenminister, fragte 40 Jahre später: „Ist schon mal jemand der Frage nachgegangen, was die Palästinenser veranlasst hat, die Olympischen Spiele für diese Aktion zu nutzen? Warum hat niemand etwas unternommen, um das Schicksal der Palästinenser zu erleichtern? Die sind doch ein entmündigtes Volk. Warum hält man sie in menschenunwürdigen Verhältnissen? Niemand kann annehmen, dass das auf Dauer ohne Reaktionen bleiben kann."

In our assessment, and in light of the result, we have made one of the best achievements of Palestinian commando action. A bomb in the White House, a mine in the Vatican, the death of Mao Tse-tung, an earthquake in Paris could not have echoed through the consciousness of every man in the world like the operation at Munich. The Olympiad arouses the people's interest and attention more than anything else in the world. The choice of the Olympics, from the purely propagandistic viewpoint, was 100 per cent successful. It was like painting the name of Palestine on a mountain that can be seen from the four corners of the earth.

Auszug aus einem Kommuniqué, veröffentlicht in der Beiruter Zeitung Al-Sayd, eine Woche nach dem Anschlag.

Jeder Beschreibung eines Attentatsopfers ist ein Objekt in einer 3-D-Projektion beigefügt. Auf der Tafel des Fecht-Trainers André Spitzer steht Waldi, er sieht aus, als ob er ein x-beliebiger Waldi wäre. Aber es ist das Maskottchen, das Spitzer als Mitbringsel für seine Tochter gekauft hatte. Seine Frau Ankie hatte ihn nach dem Attentat aus der blutbesudelten Wohnung mitgenommen. Dieser Waldi entspricht nicht den Richtlinien, die besagen, dass sein Kopf und sein Schwanz himmelblau sein müssen. Denn hier sind Kopf und Schwanz schmutzig von eingetrocknetem Blut.

56. Geheimnis

Das Drama von Fürstenfeldbruck

Weltweit bekannt wurde der Fliegerhost von Fürstenfeldbruck, als am 5. September 1972 palästinensische Terroristen zwei Mitglieder der israelischen Mannschaft töteten und weitere neun als Geisel nahmen. Beim Versuch, die Geiseln zu befreien, kam es im Fliegerhorst zu einer Schießerei, in deren Verlauf alle neun Sportler, ein deutscher Polizist sowie fünf der acht Terroristen starben.

Die ganze Aktion endete mit einem Fiasko: Alle Geiseln starben, der nicht an dem Schusswechsel beteiligte Münchener Polizeiobermeister Anton Fliegerbauer, der das Geschehen von einem Erdgeschossfenster des Kontrollturms beobachtet hatte, wurde durch eine verirrte Kugel tödlich am Kopf getroffen. Erst um 01:32 Uhr wurden die Schießerei und die Suche nach flüchtigen Terroristen eingestellt. Drei Terroristen hatte man überwältigen können, fünf wurden tot aufgefunden, und alle neun Geiseln waren ebenfalls tot.

Polizeipräsident Schreiber später auf die Frage, ob man die Warnungen vor einem möglichen Attentat der Palästinenser nicht ernst genommen habe: „Oh mei, die haben doch schon einen Bericht geschickt, wenn einer an der Botschaft vorbei gegangen ist und verdächtig geschaut hat."

Vor dem Gelände erinnert eine Granitschale an diesen Tag. Sie soll Steine und Gebetszettel wie eine Klagemauer aufnehmen. Das Stahlkorsett der Schale soll an das Emblem des Staates Israel und den siebenarmigen Leuchter, die Menora, erinnern.

Gedenkort auf dem Westfriedhof für die im Dienst umgekommenen bayerischen Polizisten, zu denen auch Anton Fliegerbauer gehört.

In einem Kapitel mit dem Titel „Death at the Munich Olympics“ (Tod bei der Olympiade in München) schrieb Kay Schiller, Professor für Kulturgeschichte an der Durham University, dass Fliegerbauer als „Held gewürdigt wurde, der den höchsten Preis für seinen Versuch gezahlt hatte, unschuldige Geiseln zu befreien“. Dies habe es der deutschen Öffentlichkeit erleichtert, mit dem Tod der Israelis fertig zu werden, weil klar gewesen sei, dass die Reaktion der deutschen Sicherheitskräfte inkompetent gewesen sei.

Der Polizist, der den toten Anton Fliegerbauer seinerzeit bergen musste, hat für sich einen Weg gefunden, mit dem Grauen umzugehen: Er widmete sich privat der Zucht von Bonsais. Kleinen kontrollierbaren Bäumen …

Im Film „Königliche Hoheit“ erhält München hohen Besuch von Katherina Patricia von Mandalia (Michaela May), ehemals die Kathi vom Hasenbergl. Die Ankunft wurde am Fliegerhorst in Fürstenfeldbruck gedreht. In München hat sich ihre königliche Filmhoheit in der Suite 101 im Bayerischen Hof eingebucht.

57. Geheimnis

Die Entscheidung seines Lebens – Joachim Fuchsberger als Stadionsprecher

Joachim Fuchsberger saß mal wieder als Stadionsprecher hoch droben in seiner Sprecherkanzel über dem Olympiastadion und moderierte die Abschlussfeier. Plötzlich hielt ihm August Everding, der die Feier leitete, einen Zettel hin: „Zwei nicht identifizierte Flugzeuge im Anflug, möglicherweise mit Bomben." Gezeichnet: Manfred Schreiber, Polizeipräsident. 70.000 Menschen sind schon im Stadion. 20.000 warten noch draußen. Das Attentat der palästinensischen Terroristen und die Geiselnahme israelischer Sportler hatte schon stattgefunden, der Terror war also nicht weit weg. Fuchsberger musste im Bruchteil einer Sekunde entscheiden, ob er ein mögliches Attentat oder eine mögliche Massenpanik vermeiden wollte. Joachim Fuchsberger entschied: Er würde keine Durchsage machen. Und nicht Gefahr laufen, eine Massenpanik auszulösen. Die Entscheidung war goldrichtig. Zwei Maschinen hatten die „Air Defense Identification Zone" um München gestreift: Es waren harmlose Passagierflugzeuge.

Auf dem Walk of Fame 56 am Olympiasee sind die Handabdrücke von Prominenten, die im Olympiastadion aufgetreten sind bzw. moderiert haben wie Joachim „Blacky" Fuchsberger.

Fuchsberger später zu seiner Entscheidung: Wer einen Krieg und russische Gefangenschaft überlebt hat, der kann damit umgehen. Wie die meisten, die 1972 dabei waren, hatte auch Joachim Fuchsberger Krieg und Naziterror erlebt. Nach dem Krieg hatte er zunächst etwa vier Monate lang unter Tage auf der Zeche König Ludwig in Recklinghausen gearbeitet, die nach dem bayerischen „Märchenkönig" Ludwig II. benannt ist.

58. Geheimnis

Einer kam Frei

50 Jahre nach dem Olympia-Attentat gedenkt München ganzjährig des Olympia-Attentats von 1972. Jeden Monat wurde dabei ein anderes Opfer in den Mittelpunkt des Geschehens gestellt. Im April war es eine Videoinstallation neben dem Haupteingang des Deutschen Theaters in der Schwanthalerstraße 13, wo an den getöteten Schiedsrichter Yossef Gutfreund erinnert wurde.

Der Schoaüberlebende und Vater zweier Töchter hatte sich seit den olympischen Spielen 1964 in Tokio als Wettkampfrichter im Ringen engagiert. In München 1972 besuchte er dann mit anderen Mitgliedern der israelischen Olympischen Delegation das Deutsche Theater, um auf Einladung des Hauptdarstellers Shmuel Rodensky das damals sehr populäre Musical Anatevka anzuschauen. Als in den frühen Morgenstunden des 5. September 1972 palästinensische Terroristen das Quartier der israelischen Mannschaft in der Connollystraße 31. stürmten, bemerkte Yossef Gutfreund als erster die Eindringlinge. Er stemmte sich gegen die Tür seines Apartments, um ihnen den Zutritt zu versperren. Dadurch konnte sich der israelischen Trainer der Gewichtheber, Tuvia Sokolovsky, über einen hinteren Balkon des Hauses ins Frei retten. Bei dem missglückten Befreiungsversuch auf dem Flugplatz Fürstenfeldbruck starb Gutfreund im Alter von 40 Jahren durch die Waffe eines Geiselnehmers.

Yossef Gutfreund und Shmuel Rodensky, Hauptdarsteller im 1972 äußerst populären Musical Anatevka.

59. Geheimnis

Der Erste Olympiasieger: Väterchen Timofei und seine upcycling-Kapelle

Wenig weiß man über die Jugend von Väterchen Timofei, dem Münchner Original vom Oberwiesenfeld. Vermutlich wurde er am 22. Januar 1894 in Bagajewskaja am Don geboren. Im Zweiten Weltkrieg transportierte er in der von den Deutschen besetzten russischen Großstadt Schachty Kohlen. Als die deutsche Wehrmacht vor der vorrückenden Roten Armee floh, musste er ihnen seine Kutsche zur Verfügung stellen. Nun begann für ihn eine jahrelange Odyssee durch Europa bis nach München, wo ihm die Muttergottes erschien und ihm befahl, auf dem Oberwiesenfeld eine Kirche 68 zu bauen. Timofei machte sich ans Werk und errichtete 1952 aus dem Kriegsschutt, der überall herumlag, seine Friedenskirche ohne Baugenehmigung auf den Fundamenten einer ehemaligen Flakstellung und schmückte sie unter anderem mit Schokoladenpapier aus Stanniol. Die Türme baute er aus alten Ölfässern. Und schuf einen Garten Eden inmitten des trostlosen Trümmerfeldes. Als Ende der 1960er Jahre genau dort die Reitbahn für die Olympischen Spiele errichtet

Väterchen Timofei ruht mit seiner Natascha auf dem Westfriedhof, (Sektion 196, Nr. 45).

werden und damit auch Timofeis Kirche verschwinden sollte, setzten sich Oberbürgermeister Hans-Jochen Vogel und Willi Daume, Präsident des Nationalen Olympischen Komitees für Deutschland, für ihn ein und die Reitanlagen wurden verlegt.

Und so kam Timofei in die Schlagzeilen: „Der erste Olympiasieger von München" wurde getitelt. Man erzählt, dass er während der Spiele ordentlich Geschäfte machte mit dem Blumenverkauf aus seinem Garten, wobei manch einer den Eremiten öfter mal zum Großmarkt fahren sah ... Und so manch einer glaubte, dass Timofei hellseherische Fähigkeiten habe, unter anderem der Maler Friedensreich Hundertwasser, der ihn in seinem Reich besuchte.

Wo seine Lebensgefährtin Natascha begraben werden wollte, errichtete ihr Timofei ein symbolisches Grab auf dem Gelände, da sie dort nicht beerdigt werden durfte. Im Alter von 110 Jahren ist das fromme Schlitzohr verstorben.

60. Geheimnis

Rapa Nui an der Regattastrecke

Vom 27. August bis zum 2. September 1972 fanden sieben Wettkämpfe im Rudern auf der Regattastrecke Oberschleißheim statt. Die Anlage liegt heute wie im Dornröschenschlaf da. Und ihre drei Kunstwerke werden kaum beachtet. Am auffallendsten ist die Betonplastik des österreichischen Bildhauers Hans Kastler, die sich – ähnlich einer Schlange – um die Holzbinder hinter der Haupttribüne windet und damit die starre Konstruktion optisch aufbrechen soll. Das zweite Kunstwerk stammt vom Bildhauer Karlheinz Hoffmann (1925–2011) der einen Platz der Begegnung schuf und den Fest- und Feuerplatz der Anlage errichtete. Das dritte Kunstwerk, eine weitere Plastik, befindet sich im Innenhof der Sauna und wurde von Arnold Ulrich Hertel entworfen.

Der Bildhauer Karlheinz Hoffmann (1925–2011) zog es vor, einen Platz der Begegnung zu schaffen und errichtete den Fest- und Feuerplatz der Anlage, der bis heute von den Sportlern als Grill- und Feierort genutzt wird.

Karibisch grün leuchtet der Regattasee, auf dem die spitzen Boote bei den XX. Olympischen Sommerspielen 1972 in München entlangschossen. Und wer genau hinschaut, sieht, dass die Zeitmesshäuschen entlang der Strecke im Profil die monumentalen Steinfiguren der Osterinsel, die Moai, zeigen. Viermal stach der Norweger Thor Heyerdahl mit Schiffen in See, die nach altertümlichen Vorbildern gebaut waren. Zwei der Expeditionen machten den Abenteurer weltberühmt: Kon-Tiki (1947) und Ra II. Am 17. Mai 1970 ließ Heyerdahl sein Boot Ra II vom Stapel. Der Film über die Expeditionen Ra und Ra II wurde 1972 für einen Oscar nominiert, bekam die Trophäe aber nicht.

Im Arthotel am Helene Mayer-Ring nimmt die Treppe zum WC (water closet!) Bezug auf die Ruderwettbewerbe.

61. Geheimnis

Ein Ufo ist gelandet – Die Rudi-Sedlmayer-Halle

Wäre es nach den Vorschlägen aus dem Volk gegangen, als es um die Namensfindung für die Halle ging, in der die Basketballspiele stattfanden, dann wären als Namen „Guglhupf“, „Strohhut“, „Vogel-Strauß-Pavillon“, „Lola-Montez-Spielstätte“, „Sendlinger Amphi“ oder gar „Amateuermausoleum“ infrage gekommen. Doch im Münchner Stadtrat entschied man sich 1974 für Rudi-Sedlmayer-Halle, benannt nach dem kurz zuvor verstorbenen Präsidenten des Bayerischen Landessportverbandes, der dem Organisationskomitee der Olympischen Spiele angehörte. Irgendwann füllte sich die Halle nicht mehr, 2003 schloss die Stadt sie. Über Abriss wurde gesprochen. Die Rettung kam 2011 mit dem FC Bayern, der eine Trainingsstätte für seine Profibasketballer suchte und mit dieser Halle fand. Und dann wurde die Basketballhalle noch einmal umbenannt: in Audi Dome. Architekturfans freuen sich an der Ufo-Architektur der Halle und dem Kegelschalenhängedach von Architekt Georg Flinkerbusch.

1972 hat sich hier ein kleines Drama abgespielt: Basketball, seit 1936 olympische Sportart, war bis dato die Domäne der USA, die alle sieben Olympia-Turniere für sich entscheiden konnte. Die UdSSR dominierte das Finale, geriet dann nach einem Ballverlust fünf Sekunden vor dem Ende mit 49:50 in Rückstand. Die Sowjets hatten noch drei Sekunden Zeit für den entscheidenden Korb; verfehlten ihn aber deutlich. Die US-Spieler feierten den vermeintlichen Sieg, Zuschauer stürmten das Feld. Doch dann sprach das Schiedsgericht der UdSSR noch einmal drei Sekunden Zeit zu, da die Uhr zuvor nicht auf drei, sondern nur auf eine Sekunde gestellt worden war. Und – das Unglaubliche passierte: Der Ball der UDSSR landete gleichzeitig mit der Schlusssirende im Korb. Darob beleidigt witterten die Amerikaner eine Fehlentscheidung, wollten die Silbermedaille nicht annehmen und kamen nicht zur Siegerehrung.

62. Geheimnis
Wettkampfstätten außerhalb von München

Einerseits sollten die Olympischen Spiele in München stattfinden, aber andererseits sollten auch andere, zum Teil strukturell schwächer aufgestellte bayerische Regionen gefördert werden. In Passau, Ingolstadt, Regensburg und Augsburg fanden deshalb die Fußballspiele statt. Auch ex Bavaria fanden Wettkämpfe statt: In Böblingen, Göppingen und Ulm (und in Augsburg) wetteiferten die Handballer und schrieben so etwas wie Olympiageschichte: Es war die Olympia-Premiere für den Hallenhandball. Bei den Olympischen Spielen 1936 wurde Feldhandball gespielt. Danach hatte es 36 Jahre lang keine Handballturniere bei Olympischen Spielen gegeben. Die Athleten reisten zu ihren Wettkampfstätten in „rollenden Olympiadörfern": In Sonderzügen der Bundesbahn ließen sie sich massieren, hielten Konferenzen ab und ruhten sich in Liegewägen der ersten Klasse aus. Olympiasieger wurde die Mannschaft Jugoslawiens vor der Tschechoslowakei und Rumänien. Wobei es die erstgenannten Länder heute in der Form gar nicht mehr gibt.

München konnte als Olympiastadt sehr viel bieten – nur keine offene See. Die Segler mussten also rauf in den Norden nach Kiel. Am 29. August 1972 gingen Segler aus über 40 Nationen auf der Kieler Förde an den Start. Unter den Teilnehmern waren auch adlige Häupter wie Prinz Harald von Norwegen, Spaniens Thronfolger Juan Carlos und Prinz Bira aus Thailand. Die Medaillen gingen aber an andere: Erfolgreichste Segelnation wird Australien.

Rechte Seite: Die U-Bahn-Station Georg-Brauchle-Ring ist einer „Seele von einem Menschen"(wie ihn Klaus Zimniok einmal genannt hatte) gewidmet. Das Kunstwerk beiderseits der Gleiswände „Die große Reise" zeigt außergewöhnliche, bahnbrechende Bauwerke aus aller Welt. Und dazu gehört natürlich auch das Münchner Olympiastadion.

63. Geheimnis

Eine Schreibmaschine und eine Seele von einem Mensch

So bezeichnete Klaus Zimniok, der „Vater der Münchner U-Bahn" Georg Brauchle, CSU-Bürgermeister und Dr. Vogels Stellvertreter und schrieb in seinem Buch „Eine Stadt geht in den Untergrund": „Von der menschlichen Wärme, die viele bei Dr. Vogel vermissten, fand man viel bei Georg Brauchle: Gleichermaßen zu bewundern wie zu bedauern gütig, voller Optimismus und begabt mit Verhandlungsgeschick, schlug er Brücken zwischen der Bundesbahn, der Stadt und der Bayerischen Staatsregierung; ein aufrechter Mann des Ausgleichs. Er kam ins Erzählen, von den Schlachtfeldern Frankreichs und Rußlands, von seinem Lehrerberuf und den Höhen und Tiefen politischen Wirkens, von bitteren Stunden und von Erfolgen, erkauft durch rastlose Arbeit und mit Gesundheit und Vereinsamung, alles zum Wohle seiner Partei und der Stadt".

George Brauchle hatte seinerseits über Klaus Zimniok – 1963 diktierte dieser binnen einem halben Jahr seiner Sekretärin ein sechsbändiges und siebeneinhalbpfündiges Werk „Untersuchung zur Entwicklung der Massenverkehrsmittel in der Landeshauptstadt München" – gesagt: „In Indien würde er als Schreibmaschine wiedergeboren."

64. Geheimnis
Der Tatort

Bei Dreharbeiten zum Münchner Tatort „Am Ende des Tunnels" (Sendetermin Frühjahr 2014) im damaligen Sheraton-Hotel (heute art Hotel) ließen Rauschgiftfahnder des Landeskriminalamtes einen international tätigen Drogenhändlerring hochgehen. Das Filmteam wartete im Hotel auf besseres Wetter, als an der Rezeption ein leicht schmuddeliger Mann eincheckte, der in der Nähe wohnte und trotzdem hier ein Hotelzimmer für sich buchte. Miroslav Nemec, der Filmkommissar vom Münchner Tatort erzählte: „Ich saß unten in der Lobby mit dem jungen Kollegen Ferdinand Hofer. Es regnete. Wir mussten warten und dabei habe ich zwei Herren in Zivil bemerkt, die in einen angrenzenden Raum gingen und mit jemandem in Handschellen wieder rauskamen. Die Leute, die bei unseren Dreharbeiten zugeschaut haben, konnten zwischen den echten und den falschen Polzisten nicht mehr unterscheiden" hatte die tz berichtet.

Im Tatort „Außer Gefecht", 630. Tatort-Episode, 7. Mai 2006) lauern Ivo Batic, Franz Leitmayr und Carlo Menzinger als Kellner verkleidet im Restaurant des Münchner Olympiaturms dem ehemaligen Krankenpfleger Johannes Peter Peschen auf, der zwölf Patienten getötet haben soll.

„Der scharlachrote Engel", ein extrem mystischer Fernsehfilm aus der ARD-Krimireihe Polizeiruf 110, wurde im Auftrag des BR unter der Regie von Dominik Graf produziert und am 20. Februar 2005 erstmals in der ARD als 263. Folge der Krimireihe ausgestrahlt. Es ist der zwölfte Fall des Münchner Polizeiruf-Ermittlers Jürgen Tauber und der neunte Fall für seine Kollegin Jo „Josephine" Obermaier. Gedreht wurde unter anderem in der Nadistraße 129, unter anderem war zu sehen, wie der Kommissar und die Kommissarin aus der Fahrebene die Wendeltreppe heraufkamen und sich erstmal im Olympischen Dorf orientieren mussten. (Anmerkung der Verfasserin: Ich habe bei den Dreharbeiten von meinem Balkon zugeschaut. Es war ein sehr kalter Winterabend und es schneite. Dennoch wollte das Team einen Schluck wärmenden Schnaps nicht annehmen und der Regisseur zeigte sich eh nicht begeistert vom Olympischen Dorf, wie ich von oben hören konnte).

Der Olympiaturm war schon öfter Drehort, unter anderem für eine Szene in Kir Royal, Folge „Das Volk sieht nichts", wo sich Großspekulant Dürkheimer und der Abgeordnete Geisshofer im Restaurant im Olympiaturm mit Blick über München treffen.

65. Geheimnis

Geplant und niemals umgesetzt

Nie verwirklicht wurde die Idee, von Walter De Maria (1935–2013), einen tiefen Schacht in den Olympiaberg zu treiben und ihn mit einer tiefen Bronzeplatte zu versiegeln. „Warum so viel Geld für eine Bronzeplatte" ausgeben, fragte man sich im Stadtrat und ob vielleicht sogar noch Menschenknochen in den Kriegstrümmern liegen würden. Der Entwurf der „Olympischen Erdskulptur" wurde dann mit der spitzfindigen Begründung abgelehnt, er habe als unsichtbares Gedankenspiel eh schon seinen Ort in der Kunstgeschichte markiert.

2010 durfte Walter De Maria dann in München doch noch seine Kunst verwirklichen: Mit der großartigen „Large Red Sphere" im Türkentor im Museumsquartier.

Begonnen, aber nie zu Ende gebracht wurde die Kunstaktion des Künstlers Rudolf L. Reiter. Der hatte Ende 1995 drei Eisentafeln mit dem Titel „Zeiten der Wiederkehr" in Eisenkästen nahe der Eissporthalle auf einem Hügel der Erde übergeben. Nach der Jahrtausendwende sollten sie im Herbst 2000 als erlebbare Metamorphose wieder sichtbar gemacht werden.

66. Geheimnis

Was von Olympia übrigblieb

1966 erhielt München den Zuschlag für Olympia. Dieser wirkte wie ein Katalysator – Planungsprozesse, die oft ewig dauern, bekamen plötzlich eine ungewohnte Dynamik.

Mit Hilfe von Bund und Land stemmte die Stadt einen beispiellosen Kraftakt. Der Ausbau des U- und S-Bahn-Systems kam rasch voran. In Rekordzeit entstanden Wohnungen und Straßenverbindungen. Die S-Bahn-Stammstrecke unter der Innenstadt wurde Realität. Oben konnten die Passanten in der neuen Fußgängerzone unbelästigt vom Verkehr flanieren – eine deutliche Aufwertung für die Innenstadt.

Geradezu phänomenal war, was mit dem Oberwiesenfeld passierte. Diese riesige Freifläche im Münchner Norden, mit der man eigentlich nie so richtig etwas anzufangen wusste, verwandelte sich in den Olympiapark.

Man begnügte sich nicht damit, nur die Autos zu verbannen. Vielmehr wurde die Neuhauser Straße, die früher als „Flur" nur dem Durchgang vom Stachus zum Marienplatz gedient hatte, mit einem Aufwand von 13,5 Millionen Mark systematisch von den Architekten Bernhard Winkler und Siegfried Meschederu als „gute Stube" eingerichtet.

Mit den Olympischen Spielen 1972 erlebte die Trimm-dich-Bewegung einen Boom. 94 Prozent der Bevölkerung und sogar 99 Prozent aller Jugendlichen kannten die Trimm-dich-Aktion … Ein Bestandteil der Kampagne war die Trimm-Dich-Spirale. Auf der Teilnahmekarte waren 100 Felder als Spirale angeordnet.

Die Stadtmitte wurde zur Fußgängerzone erklärt, historische Bauten wie die Türme des Alten Hofs oder des Alten Rathauses rekonstruiert. Mit 10.000 Gratisbrezen und 21 Hektoliter Freibier wurde am 30. Juni 1972 die Fußgängerzone eröffnet. Gerade rechtzeitig zur Eröffnung wurden die Tröge mit immergrünen Büschen aufgestellt, haben Maler die Fassaden verschönt, Pflasterer in dem mit 50.000 Quadratmeter größten Fußgängerbereich

Ein einheitliches System von Bändern aus Natur- und Kunststein, aus Kleinstein- und Mosaikpflastern korrespondiert mit einem Spalier von 357 Leuchten.

Mitteleuropas die letzten aus der damaligen „Ostzone" stammenden Steine verlegt.

Acht Brunnen plätschern zwischen Karlsplatz und Marienplatz, drei sind begehbar. Fußwaschen, übrigens eine urchristliche Sitte, ist dort erlaubt. Gegen den begehbaren Brunnen vor der Frauenkirche, der ja Stadtstreicher und Dirnen anlocken könnte, erhob das Erzbischöfliche Ordinariat Widerspruch. Doch die Stadtgestaltungskommission überstimmte die oberhirtlichen Bedenken. „Die Frauenkirche ist kein Dom, sondern eine Bürgerkirche", so seinerzeit Stadtbaumeister Uli Zech.

Und auch das Modehaus Max Dietl putzte sich zu den Olympischen Spielen mit einem weiträumigen Umbau heraus.

Am Platzl befand sich bis zur Olympiade 1972 der Münchner Rotlichtbezirk. Was die Spider Murphy Gang im „Skandal im Sperrbezirk" besang, ist Münchner Stadtgeschichte: In der sauberen und anständigen „Weltstadt mit Herz" war kein Platz mehr für Rosi und ihre Kolleginnen.

Der Unternehmer Max W. Schlereth baute in München die Parkstadt Solln, den Dante-Park und das Olympische Dorf. Der 2021 verstorbene Unternehmer galt als einer der wohl letzten „Baulöwen" der Nachkriegszeit.

Hinter dem Haus der Kunst steht das Japanische Teehaus „Kanshoan“. 1972 hatte es der Großmeister der Urasenke-Teeschule in Kyoto dem Freistaat geschenkt, um den Bayern die japanische Teezeremonie näher zu bringen. Die revanchierten sich ihrerseits mit einem Maibaum, der seit damals im Odori-Park in Sapporo steht.

Die Spiele hatten einen unglaublichen Umbau der Stadt bewirkt. So wurde auch das gesamte Umfeld des Isartors umgestaltet. Die Überlegung, es gleich ganz abzureißen, wurde glücklicherweise wieder verworfen. Die Anlage des Altstadtrings machte das Tor zur Verkehrsinsel. Es bekam ein einheitliches Erscheinungsbild, historisierende Elemente wurden verringert und die Turmuhr verschwand ganz. Im Jubiläumsjahr 2022 gab es hier eine Ausstellung vom Karl Valentin-Musäum zum Thema Olympia und Karl Valentin.

Das Hotel Bayerischer Hof wurde um das Palais Montgelas erweitert, das zur Eröffnung der Olympischen Spiele eröffnet wurde.

„The Spirit of the ′72 Olympics" lautet das Motto des Motel One-Olympia Gate in München-Schwabing an der Petra-Kelly-Straße 4. Wie alle Hotels dieser Kette nimmt auch dieses in der Dekoration thematisch die Umgebung auf, also in diesem Hotel mit großen Fotos der Spiele von 1972. Und das direkt am Olympiapark.

Olympia Cocktail
1/3 Orangensaft
1/3 Curacao Triple sec
1/3 Cognac
Zutaten kurz mit Eiswürfeln in einem Shaker schütteln und in ein Cognacglas abseihen.

Im lässigen „München ′72" an der Tennisanlage sitzt man auf Turnkästen, Judomatten oder Hollywoodschaukeln, trinkt Kaffee, Spezi oder Bier und schaut den Spielern bei Aufschlag, Volley- oder Schmetterball zu – fast wie 1972 bei den Olympischen Spielen.

Im Hotel Excelsior in München fand am 27. April 1977 ein Cocktailempfang zusammen mit den Vertretern von Sapporo, Ausrichter der Winterspiele, statt.

Im Restaurant „München 72“ in der Innenstadt in der Holzstraße geht es so zu wie bei den Spielen 72 – vor dem Attentat natürlich: Entspannt, unkompliziert und einfach lebensfroh. Erinnerungen an das Attentat findet man hier nicht.

Und im Stadtmuseum steht Waldi da, wo sich ein Münchner am liebsten aufhält: Im Biergarten, angedeutet durch einen Biergartenstuhl und Kies auf dem Boden.

Auch im jüdischen Museum in München wird – natürlich! – auf das Attentat eingegangen.

Im Museum des Polizeipräsidiums in der Ettstraße, sind die Tasche, der Hut und die Gesichtsmaske eines der Attentäter ausgestellt.

Im „Deutschen Sport & Olympia Museum“, Im Zollhafen 1 in Köln, wird in einem eigenen Raum auf Olympia 72 eingegangen.

Auch das Olympiamuseum in Thessaloniki widmet sich den Olympischen Spielen 1972 und – natürlich – deren Ursprung in der Antike.

In Passau gibt es ein Museum, das ausschließlich dem Dackel gewidmet ist. Und Star der Ausstellung ist selbstverständlich: Der Waldi.

Eine Art provisorisches „Modern Art Museum“ wollte Gunther Sachs in den Räumen der Villa Stuck schaffen. Gezeigt werden sollten aus der umfangreichen Kunstsammlung von Gunther Sachs unter anderem Werke von Arman, Jean Fautrier, Yves Klein und Wols, von Francis Bacon, Giorgio de Chirico, Victor Brauner, Fontana, Roy Lichtenstein und Yves Tanguy. Das „MAM“ wollte der jungen, internationalen Kunstszene in Deutschland eine Plattform bieten. Weg vom zögerlichen, bewahrenden Kunstbetrieb, hin zu Umbruch und Wagnis. Zu utopisch und anarchisch für das damals konservative München.

67. Geheimnis

Olympische Spuren in Grünanlagen

In Münchens Grünanlagen wie hier hinter dem Isartor ist Waldi sehr oft anzutreffen – nach Dackelart streunt er halt gerne herum. Aber er darf es nicht überall, denn die grünen Poller (der Streifen ist im Original Olympiagrün) bedeuten, dass Hunde den Rasen nicht betreten dürfen. Was darauf schließen lässt, dass 1972 sehr sehr viele Dackel in München unterwegs waren ...

Auch ein Relikt aus 1972: Die Waldipfosten, die bedeuten: „Für Hunde ist das Betreten des Rasens verboten"

Bis heute gehören die für die Spiele entworfenen Bänke von 1972 zum Arsenal Münchens für die Stadtmöblierung. „Couchgerippe nach Feuersbrunst!" hat ein Mitarbeiter der Stadt die Bänke einmal treffend bezeichnet.

68. Geheimnis
Fastfood für Athleten

Begonnen hat es wohl 1968, als McDonald´s Athleten nach Grenoble einflog, nachdem sie äußerten (zumindest der Aussage von McDonald´s zufolge), dass sie McDonald's Essen vermissen würden. Seither hat das Unternehmen Millionen von Athleten, Trainern, ihren Familien und Fans Menüs serviert. Als 1971 Die Olympischen Spiele in München noch in der Vorbereitung waren, setzte der amerikanische Konzern ein Zeichen und eröffnete am 4. Dezember 1971 in Obergiesing in der Nähe des 60er Stadions die erste Deutschland-Filiale. Nach der Eröffnung in München ging es dann Schlag auf Schlag, mittlerweile gibt es rund 1.500 Läden hierzulande. Doch stagniert die Zahl seit Jahren …

Klein und gemütlich ist das erste McDonald's Deutschlands noch heute. Natürlich hat sich im Vergleich zu den Anfängen in den 1970er Jahren einiges geändert, doch schnell und vergleichsweise günstig bekommt man seine Hamburger immer noch.

69. Geheimnis

Die Insel

Eine der zahllosen wunderbaren Hinterlassenschaften der Olympischen Spiele 1972 ist „Die Münchner Insel" im Sperrengeschoss der U-Bahn-Station am Marienplatz. Sie versteht sich als psychologische und psychosoziale Fachstelle, an die man sich in jeglicher Lebenskrise wenden kann.

Als Mitte der 1960er Jahre das größte Bauprojekt nach dem Zweiten Weltkrieg in Angriff genommen wurde, das S- und U-Bahnnetz, entstanden maulwurfsgleich verschachtelte, labyrinthartige unterirdische Baustellen. Eine verwinkelte, verwirrende Welt mit mehrstöckig übereinander liegenden Baustellen, Treppenhäusern, Zwischengeschossen und Nebenanlagen, in der man sich leicht verlieren konnte und durch die sich täglich hundertausende Menschen schieben sollten. Auf der Baustelle – auf der 23 Nationen in zwei Schichten arbeiteten – würden auch Probleme entstehen, wie der Vereinspfarrer der Inneren Mission Hans Martin Nägelsbach damals vorausgesehen hatte. Und so wurde am 20. April 1972 die „Insel" – getragen von der katholischen und der evangelischen Kirche – mit einem feierlichen Gottesdienst eröffnet. Hier wird ganz unkompliziert geholfen: Wer kommt, der wird von der jeweiligen Dienst tuenden Fachkraft empfangen, denn einen Empfangsdienst gibt es nicht. Auch keine Büros für bestimmte Mitarbeiter, denn jeder ist für alles zuständig. Einsamkeit, Eheprobleme, Alkoholabhängigkeit, Depressionen, Arbeitslosigkeit, religiöse Zweifel – was den Menschen bedrückt und bedrängt darf er oder sie abladen auf dieser Rettungsinsel im Herzen Münchens.

70. Geheimnis

Was von den Spielen nicht mehr blieb

1972 standen in der Olympiahalle, die damals Sporthalle war, riesige „Prismenspiegel", die ein wunderbares Raumgefühl – mit Blicken nach draußen und drinnen boten. Um das Jahr 2000 wurden sie abgebaut und eingelagert.

Bis in die 1980er Jahre schwebte über dem Olympiasee eine herrliche Wasserwolke des Objektkünstlers Heinz Mack, die das Wasser 30 Meter in die Breite oder acht Meter in die Höhe pustete – beleuchtet mit Unterwasserscheinwerfern. Allerdings war es kostspielig, immer wieder Rost und Kalk zu entfernen. Und so wurde sie im Jahr 2009 abmontiert.

Auch das Carillon 19, das Glockenspiel, wurde eingemottet. Diese Rarität mit 49 Glocken stand einst hinter Buden vor der Olympiahalle. Es war aber nur selten zu hören, weil nur wenige Carilloneure es zum Klingen bringen konnten.

Carillion, Aufnahme von 2003

71. Geheimnis

„Scheiß Olympia. Wir wollen unsere Ruah und unsern König Ludwig wiederhaben“

stand 1972 überall in der Stadt auf Stickern. Schon Dichter Xenophanes, wetterte im 6./5. Jahrhundert v. Chr. über die Olympischen Spiele: „Nein, es liegt kein Sinn in diesem Brauche. Zu Unrecht wertet man leibliche Kraft höher als Wissen und Weisheit. Denn sei im Volk ein Bürger tüchtig im Faustkampf, Ringen oder Fünfkampf, so wird doch die Ordnung des Staates dadurch nicht besser. Wenig Gewinn erwächst der heimischen Stadt.“

2500 Jahre später wurde weiter geschimpft: In den 1970ern gab es zwar den Begriff „Wutbürger“ noch nicht, aber dass die Gesellschaft schon damals nicht frei von ihnen war, zeigt das Zitat des in München seinerzeit stadtbekannten Kolumnisten Sigi Sommer. Durch die Olympischen Spiele werde „das letzte Resterl Gemütlichkeit“ verlorengehen, schrieb er, weiterhin witterte er ein „olympisches Wettklettern der Preise und noch unfreund-

Blasius, der Spaziergänger, grantelte wegen der Olympischen Spiele.

lichere Kellnerinnen". Er hatte sich als Spaziergänger Blasius 1967 durch die Baustellen schwer behindert gefühlt und den Weg vom Marienplatz bis zum Hauptbahnhof als „Via Mala" oder auch „Straße des Zorns" bezeichnet und vorgeschlagen, die verbliebenen Schleichpfade als Bürgermeister-Vogel-Steig" oder „Avenue der Verwünschungen" zu benennen. Ein „Anti-olympisches Komitee" in Frankfurt witterte (angesichts der Olympischen Spiele in München) eine Machenschaft, „die das System erhält und die Menschen kaputt macht". Links war ja damals irgendwie modern. Auch das „Münchner Evangelische Gemeindeblatt" zeigte sich bedenkenträgerisch verantwortungsvoll besorgt und zürnte: „... während zu gleicher Zeit Menschen verhungern ... verfestigt man hier in unglaubwürdiger Freizügigkeit eine Kultstätte olympischen Geistes".

Auf großen Widerstand stieß auch die visuelle Gestaltung: Die Konservativen beschimpften Otl Aicher und sein Team als linke Hunde, die das Bild Deutschlands und das Bild der Spiele kaputt machen würden. Die eher links orientierten bezeichneten sie als „die Knechte der Reichen". Es war die Zeit der 68er!

Die großen Bauherren und Architekten der Vergangenheit waren selten demokratisch legitimiert: Dennoch bewundern wir die Bauten der Kirche oder die Gestaltungen der Fürsten ... Und hätten die Münchner geahnt, dass die heute so gerühmten Spielstätten für die Olympischen Spiele 1972 um etliche hundert Prozent teurer als geplant würden – so hätten jene Bürger, die heute so berechtigt für den Erhalt des Parks eintreten, womöglich gegen seinen Bau votiert, schrieb die Süddeutsche Zeitung am 1./2. Dezember 2012.

Zehn Jahre nach den Spielen von München wird im Münchner Olympiadorf schwelgerisch dessen Lebensfähigkeit gefeiert. Nun ist es also doch nicht, wie die Fachzeitschrift „Bauwelt" geurteilt hatte, eine „gigantische Fehlspekulation", eine „Un-Stadt" oder „gespenstische Szenerie"; ist nicht „am Markt vorbeigebaut", wie es in der „Süddeutschen Zeitung" einmal geheißen hat.
Der Spiegel

72. Geheimnis

Das Überflüssige ist das Notwendige

Oberbürgermeister Vogel bei seiner Rede anlässlich der Übergabe der Olympiabauten am 29. (2+9=11!) Juni 1972 an das Organisationskomitee: „Eine Gesellschaft muss auch einmal die Kraft aufbringen, einen großen Geldbetrag für ein im engen Sinne zweckfreies Vorhaben, für ein architektonisches Kunstwerk aufzuwenden. Es muss Freiräume geben, die von den ökonomischen Prinzipien und landläufigen Nützlichkeitserwägungen ausgenommen sind. Viele Bauten der Vergangenheit, die für uns zu unverzichtbaren Bestandteilen der menschlichen Kultur geworden sind, wären ohne solche Durchbrechungen des ökonomischen Prinzips und auch fiskalischer Gesichtspunkte nie und nimmer entstanden und die Menschheit wäre an schierer Nützlichkeit erstickt. Gerade München ist reich an derartigen Beispielen."

Um es mit dem französischen Philosophen Voltaire auf den Punkt zu bringen: Das Überflüssige ist das Notwendige.

Bildnachweis

Cornelia Ziegler 16, 17, 19, 21, 22, 23, 25, 26, 28, 32, 33, 36, 38, 39, 40, 41, 43, 44, 46, 47 oben, 48, 49, 50, 51, 53, 55, 56, 58, 60, 62, 64, 65, 66, 67, 69, 72, 74, 75, 77, 78, 79 unten, 83, 85, 87 unten, 91, 92, 93, 97, 98, 99 unten, 100, 102, 107, 108, 110, 111, 113, 115, 116, 124, 126, 128, 131, 132, 133, 134, 135, 136, 137, 138, 139, 142, 143, 145, 149, 150, 151, 152, 153, 154, 157
Eden Hotel Wolff 28
Alexandra Baur 34, 88 unten
Andreas Lechner 71
Wikipedia 24 (Robot8A), 45, 59 (Clemens 33), 79 oben (Gras-Ober), 118 (Rufus46), 125 (Sven Teschke), 127 (SamBlue), 156 (Oliver Raupach)
Istock-Foto 77, 101
Michael Volk 42, 47 unten, 54, 61, 63, 68, 73, 82, 87 oben, 88 oben, 94, 95, 99 oben 105, 106, 122